BestMasters

Mit „**BestMasters**" zeichnet Springer die besten Masterarbeiten aus, die an renommierten Hochschulen in Deutschland, Österreich und der Schweiz entstanden sind. Die mit Höchstnote ausgezeichneten Arbeiten wurden durch Gutachter zur Veröffentlichung empfohlen und behandeln aktuelle Themen aus unterschiedlichen Fachgebieten der Naturwissenschaften, Psychologie, Technik und Wirtschaftswissenschaften. Die Reihe wendet sich an Praktiker und Wissenschaftler gleichermaßen und soll insbesondere auch Nachwuchswissenschaftlern Orientierung geben.

Springer awards "**BestMasters**" to the best master's theses which have been completed at renowned Universities in Germany, Austria, and Switzerland. The studies received highest marks and were recommended for publication by supervisors. They address current issues from various fields of research in natural sciences, psychology, technology, and economics. The series addresses practitioners as well as scientists and, in particular, offers guidance for early stage researchers.

Selina Schmitz

Systemisches Coaching als Erfolgsfaktor im Change Management

Eine empirische Untersuchung zur Darstellung wirksamer Interventionen

 Springer Gabler

Selina Schmitz
Bonn, Deutschland

ISSN 2625-3577 ISSN 2625-3615 (electronic)
BestMasters
ISBN 978-3-658-39126-3 ISBN 978-3-658-39127-0 (eBook)
https://doi.org/10.1007/978-3-658-39127-0

Die Deutsche Nationalbibliothek verzeichnet diese Publikation in der Deutschen Nationalbibliografie; detaillierte bibliografische Daten sind im Internet über http://dnb.d-nb.de abrufbar.

Planung/Lektorat: Marija Kojic
Springer Gabler ist ein Imprint der eingetragenen Gesellschaft Springer Fachmedien Wiesbaden GmbH und ist ein Teil von Springer Nature.
Die Anschrift der Gesellschaft ist: Abraham-Lincoln-Str. 46, 65189 Wiesbaden, Germany

Zusammenfassung

Unternehmen müssen sich kontinuierlich an veränderte Umweltbedingungen anpassen, um wettbewerbsfähig zu bleiben. Change-Management intendiert, die Veränderungsbereitschaft der Mitarbeitenden zu erhöhen und zu strukturieren. Dennoch scheitert ein Großteil der Veränderungsvorhaben (Tiffert, 2013). Diese Thesis beabsichtigt, Herausforderungen in Veränderungsprozessen zu beleuchten und dafür geeignete Systemische Coaching-Interventionen zu finden. Bislang wurde der Einsatz von Coaching in Veränderungsprozessen nur lückenhaft untersucht (Bickerich & Mickel, 2016) und die Interventionsebene nicht ausreichend beleuchtet (Tiffert, 2013). Den theoretischen Rahmen bildet initial die Betrachtung von Herausforderungen in Veränderungsprozessen, um final herauszufinden, inwieweit und mit welchen Interventionen diese durch Systemisches Coaching bearbeitet werden können, um Veränderungsprozesse erfolgreich anzustoßen und durchzuführen. Es wurden anhand einer explorativen qualitativen Feldstudie halbstrukturierte leitfaden-gestützte Experteninterviews mit Systemischen Coaches durchgeführt, welche nach dem Prinzip der bewussten Stichprobenziehung ausgewählt wurden. Die Datenauswertung erfolgte anhand der Qualitativen Inhaltsanalyse nach Mayring (2015). Es wurden geeignete Coaching-Möglichkeiten für folgende Herausforderungen in Veränderungen gefunden: Unternehmensweit eine Veränderungsnotwendigkeit erzeugen, Führungskräfte stärken, eine Vision erstellen und die Mitarbeiteridentifikation damit steigern, Ängste und Bedürfnisse der Mitarbeitenden ergründen, Erfolge und förderliche Ressourcen erkennen und Mitarbeitende in Lösungsfindungen mit einbeziehen. Es wurde ein ganzheitlicher Coaching-Prozess entwickelt, um Change-Management anzureichern. Dessen Wirksamkeit ist jedoch von kulturellen und ressourcen-technischen Faktoren eines Unternehmens, sowie des individuellen Coachs abhängig.

Inhaltsverzeichnis

Abkürzungsverzeichnis

CM	Change Management
F	Forschungsfrage
FK	Führungskraft
FKs	Führungskräfte
I	Interview
IP	Interviewpartner/in
K	Kategorie
MA	Mitarbeitende / Mitarbeitenden
SC	Systemisches Coaching / Systemischem Coaching
SI	Systemische Intervention / Systemische Interventionen

Abbildungsverzeichnis

Tabellenverzeichnis

Einleitung: Systemisches Coaching als Begleiter von Veränderungsprozessen

In der heutigen schnelllebigen Welt mit einer VUCA Umgebung[1] ist die Fähigkeit zur Veränderung für viele Unternehmen eine stets präsente Aufgabe der Gegenwart und Zukunft geworden (Eichler, 2011). Laut Eichler (2011, S. 18) verändern sich die gesellschaftlichen Rahmenbedingen in einem zunehmenden Tempo, weshalb Unternehmen „Veränderungen (pro)aktiv" gestalten müssen, welches letztlich nur durch die Organisationsmitglieder selbst geschehen kann. Laut Tiffert (2013) scheitern jedoch 50–80 % aller Veränderungsvorhaben.[2] Dies suggeriert, dass die zahlreich vorhandenen Change Management-Konzepte nicht vollumfänglich ausreichen, um auftretende Herausforderungen zu meistern.[3]

Da Veränderungen im Unternehmen stets Veränderungen für Mitarbeitende (MA) bedeuten, reagieren diese oftmals mit Widerständen, denn Menschen halten grundlegend an Gewohnheiten fest, welche ihnen Sicherheit vermitteln (Gilbert, 2016). Diese menschliche Komponente stelle eine der größten Herausforderungen dar, welche den Erfolg des Veränderungsprozesses gefährdet und

---

[1] VUCA steht für Volatilität, Unsicherheit, Komplexität und Ambiguität und beschreibt die Merkmale der modernen Welt, weshalb sich Unternehmen ständig verändern müssen und folglich Veränderungsmanagement an Bedeutung gewinnt.

[2] Erfolg von Veränderungsprozessen wird wie folgt definiert: „Die Bewertung organisationaler Veränderungsprozesse als ein Erfolg oder Misserfolg ist eine soziale Konstruktion von Personen oder Gruppen. Sie beruht auf Vergleichen der resultierenden Veränderungen mit den erwarteten Zielen und beobachteten Ergebnissen (1) anhand objektivierbarer Daten (Messwerte oder Beobachtungsdaten) und (2) auf einer sozialen Validierung der subjektiven Meinungen und Einschätzungen durch akzeptierte Schlüsselpersonen und -gruppen" (Greif et al., 2004, S. 38).

[3] Die Textpassage stammt aus dem Exposé der Autorin. Diese wurde im Rahmen der vorliegenden Forschungsarbeit entwickelt.

S. Schmitz, *Systemisches Coaching als Erfolgsfaktor im Change Management*, BestMasters, https://doi.org/10.1007/978-3-658-39127-0_1

blockiert (Gilbert, 2016). Laut Starrmann (2014, S. 61) sei *Systemisches Coaching* (SC) überall dort, wo „Menschen gemeinsam interagieren, also auch in Organisationen, sinnvoll und effizient. Insbesondere, wenn es darum geht, dysfunktionale und blockierte Prozesse wieder lebendig, wirksam und zukunftsfähig zu machen". SC ziele darauf ab, Impulse für neue Handlungs- und Lösungsmöglichkeiten zu geben (Kritz, 2016).Diese Aussagen unter Berücksichtigung der Tatsache, dass Change-Prozesse mehrheitlich durch diverse in Abschnitt 2.3 dargestellte Herausforderungen blockiert werden, führt zu der Annahme, dass SC in Veränderungsprozessen als geeignete Maßnahme eingesetzt werden kann, um Veränderungen erfolgreicher umzusetzen (Eichler, 2011).[4] Die vorliegende Thesis zielt darauf ab, eine Darstellung wirksamer Systemischer Interventionen (SI)[5] zu skizzieren, welche den Umgang mit Herausforderungen eines organisationalen Veränderungsprozesses erfolgreicher gestalten. Dafür gilt es, vorerst diese zentralen Herausforderungen zu identifizieren, um final folgende Haupt-Forschungsfrage zu beantworten:

Inwieweit und mit welchen Interventionen kann SC Veränderungsprozesse unterstützen, um diese erfolgreich anzustoßen und auftretende Herausforderungen zu meistern?

Trotz des umfangreichen Forschungsstandes zu Veränderungsprozessen und Change Management (CM), wurde das Forschungsfeld der Kombination aus CM und SC bisher nur in geringem Maße bedient. Tiffert (2013) hat sich zwar bereits mit systemischen Ansätzen im CM beschäftigt, kratzt jedoch mit seiner Untersuchung an der Oberfläche und empfiehlt, in weiterführender Forschung Ideen zur Gestaltung von Veränderungsprozessen mit Coaching-Interventionen zu skizzieren. Außerdem habe Tiffert (2013) die Interventionsebene noch nicht weitreichend beleuchtet und keinerlei Vorschläge gemacht, welche genauen SI an welcher Stelle des Veränderungsprozesses sinnvoll seien. Daran anknüpfend beabsichtigt diese Thesis die Entwicklung eines konkreten Leitfadens, welcher SI für die bereits etablierten CM Stufen nach Kotter (1996) identifiziert, um eine erfolgreichere Umsetzung einer Veränderung zu ermöglichen. Da sich diese Thesis auf einer theoretischen Metaebene bewegt, ist dieser Leitfaden unternehmensübergreifend nützlich, um zukünftig Veränderungsprozesse in Unternehmen effektiver anzustoßen und zu begleiten.[6]

---

[4] Die Textpassage stammt aus dem Exposé der Autorin. Diese wurde im Rahmen der vorliegenden Forschungsarbeit entwickelt.

[5] Unter Intervention wird jede Handlung verstanden, die ein Coach in Anwesenheit des Coachees tut oder unterlässt (Starrmann, 2014).

[6] Die Textpassage stammt aus dem Exposé der Autorin. Diese wurde im Rahmen der vorliegenden Forschungsarbeit entwickelt.

Als Einstieg in diese Arbeit beschäftigt sich Abschnitt 2.1 mit Veränderungen in Unternehmen und erläutert den Begriff des CM. Daran anknüpfend wird in Abschnitt 2.2 das CM-Modell nach Kotter (1996) vorgestellt. Ein Kenntnisstand über Kotters Modell (1996) ist unverzichtbar, da in der vorliegenden Thesis final geeignete SI zeitlich auf die Schritte dieses Modells eingeordnet werden sollen. Im Anschluss werden in Abschnitt 2.3 die zentralen Herausforderungen eines Veränderungsprozesses anhand relevanter Fachliteratur identifiziert. Diese werden im Anschluss bereits auf Kotters CM-Modell (1996) eingeordnet, um herauszustellen, zu welchen Phasen welche Herausforderungen auftreten. Anschließend führt Abschnitt 2.4 in das Thema *Coaching* ein, wonach in Abschnitt 2.5 der systemische Ansatz von Coaching beleuchtet wird. Schließlich wird in Abschnitt 2.6 der aktuelle Forschungsstand zum Einsatz von SC in organisationalen Veränderungen beleuchtet. Es gilt, hierbei Forschungslücken zu identifizieren und anschließend in Abschnitt 2.7 konkrete Forschungsfragen abzuleiten. Der methodische Teil in Kapitel 3 erklärt das methodische Vorgehen der vorliegenden Forschung, indem das Untersuchungsdesign, die Datenauswahl inklusive der Stichprobe, die Datenerhebung und die Datenauswertung beschrieben wird. In Kapitel 4 werden die Ergebnisse der Forschung vorgestellt und im Diskussionsteil in Kapitel 5 zusammengefasst und interpretiert, wobei die vorher ausgearbeiteten theoretischen Grundlagen miteinbezogen werden. Das Ziel dieses Kapitels ist es, die Forschungsfragen zu beantworten, sowie einen Leitfaden zu entwickeln, welcher konkrete SI für bestimmte CM-Phasen und vorherrschende Herausforderungen empfiehlt. Letztlich wird im Fazit in Kapitel 6 die Methodik der Forschung kritisch betrachtet und die Ergebnisse bezogen auf weitere Forschungen eingeordnet.

Theoretischer Hintergrund: Systemisches Coaching als Teil von Change Management

2

Die folgenden Kapitel erklären wichtige theoretische Hintergründe zu CM und thematisieren zentrale Herausforderungen in Veränderungsprozessen. Darüber hinaus wird in das Thema Coaching und in den systemischem Coaching-Ansatz eingeführt, sowie der aktuelle Forschungsstand zu SC in Veränderungsprozessen beleuchtet. Es wird geklärt, inwieweit dieses Gebiet bisher erforscht wurde und wo sich Forschungslücken befinden. Daraus werden die Forschungsfragen abgeleitet und das Forschungsziel der vorliegenden Arbeit definiert.

2.1 Change Management allgemein: Begleiter für Veränderungen in Unternehmen

Unabhängig von der Branche oder dem Wirkungskreis setzen sich Unternehmen mit ihrer Umwelt auseinander, um wettbewerbsfähig zu sein. Dies hat zur Folge, dass innerhalb einer Organisation evaluiert wird, ob jetzige Wissensstände und Handlungsmuster in Zukunft noch erfolgsbringend sein werden (Eichler, 2011). Der Haupttreiber für Veränderungsprozesse sei dabei mit 57 % die Restrukturierung oder Reorganisation eines Unternehmens (Capgemeni, 2010), welche oftmals als Reaktion auf einen krisenhaften Zustand entsteht. Deshalb stelle sich das Gelingen der Veränderung für Unternehmen oftmals als zukunftskritisch dar (Capgemeni, 2010). Um eine erfolgreiche Umsetzung einer Veränderung zu ermöglichen, ist effektives CM gefragt (Stück, 2012). Seit Jahren beschäftigen sich Manager und Organisationsentwickler mit dem Thema CM. Unter diesem Thema wird stetig propagiert „wie wichtig es ist, notwendige Veränderungen zu erkennen, rechtzeitig MA mitzunehmen und Unternehmen flexibel auszurichten" (Tiffert, 2013, S. 382). Diese Veränderungen können laut Schott und Wick (o. D.,

S. Schmitz, *Systemisches Coaching als Erfolgsfaktor im Change Management*, BestMasters, https://doi.org/10.1007/978-3-658-39127-0_2

S. 196) „nur durch die geplante Umgestaltung von Verhaltensmustern und Fähigkeiten der MA erzielt werden". Dies gestaltet sich in der Praxis durch die in Abschnitt 2.3 dargestellten Herausforderungen als diffizil, weshalb 50–80 % aller Veränderungsprozesse scheitern (Tiffert, 2013). CM intendiert, diesem Phänomen entgegenzuwirken. Bei näherer Betrachtung des Gebrauches des Begriffes und dessen Definition in der Fachliteratur wird deutlich, dass er unterschiedlich verwendet wird und es keine einheitliche Definition von CM gibt. Dennoch teilen die Definitionen eine Gemeinsamkeit, wonach es sich bei CM um die Begleitung von Veränderungen handelt. Die genauere Definition gestalte sich nach den Vorlieben und dem Schwerpunkt des jeweiligen Autors (Tiffert, 2013). Um sich dennoch einer generischen Definition anzunähern, ist die Metadefinition nach Stück (2012) zu betrachten. Demnach ist CM „der ganzheitliche Ansatz, Veränderungen in Unternehmen prozessorientiert und aktiv, sowohl im Rahmen der konzeptionellen Arbeit, wie auch insbesondere der Umsetzung zu begleiten, zu steuern, zu kontrollieren und zu kommunizieren, sowie Veränderungswissen und -bereitschaft kontinuierlich zu bessern" (Stück 2012, S. 13).[1]

Schott und Wick (o. D.) identifizieren vier Dimensionen von CM, welche bei näherer Betrachtung der Metadefinition von Stück (2012) gleichkommen, jedoch operationaler und präziser formuliert sind. Demnach sei CM die Identifikation des Veränderungsbedarfes, die Organisation des Veränderungsprojekts, die Motivation der Veränderungsbeteiligten, sowie die Kommunikation der geplanten und erfolgten Veränderungen. In Anbetracht der dargestellten Definitionen ist zusammenfassend festzuhalten, dass CM meist eine Aufgabe des Managements ist, welche diverse Verantwortlichkeiten beinhaltet (Stück, 2012). Neben der Identifikation der externen Bedingungen der Umwelt und die Anpassung des Unternehmens daran, sei es kritisch, die Veränderungsbeteiligten durch richtige Kommunikation zu motivieren und Widerstände zu erkennen und aufzulösen, um die Umsetzung und Verankerung der Veränderungen zu ermöglichen (Stück, 2012). Anknüpfend an diese Verantwortlichkeiten werden in der Fachliteratur verschiedene CM-Modelle vorgeschlagen. Ein sehr populäres Konzept, welches auch von Schott und Wick (o. D.) aufgegriffen wird, ist das Modell der acht CM-Schritte nach Kotter (1996), welches im Folgekapitel näher vorgestellt wird.

---

[1] Die Textpassage stammt aus dem Exposé der Autorin. Diese wurde im Rahmen der vorliegenden Forschungsarbeit entwickelt.

2.2 Change Management nach Kotter: Acht Schritte der Veränderung

Kotter hat 1995 erstmals seine bis heute etablierten acht Schritte des Wandels formuliert, welche Change-Initiatoren[2] berücksichtigen sollten, um einen Wandel erfolgreich zu gestalten. Das CM-Modell nach Kotter feiert seitdem signifikanten akademischen Erfolg (Applebaum, Habashy, Malo & Shafiq, 2012) und wird deshalb in der Thesis als elementare Basis für CM herangezogen.[3] Da der Fokus dieser Arbeit jedoch auf Herausforderungen im CM und geeigneten SI liegt, welche lediglich final auf die Stufen dieses Modells eingeordnet werden sollen, ist ein grober Überblick über Kotters CM-Modell (1996) in Tabelle 2.1 ausreichend.[4]

Trotz der praktischen Berücksichtigung dieses CM-Modells scheitert ein Großteil der Veränderungsprozesse (Tiffert, 2013). In Kotters Modell (1996) werden zwar die richtigen Ansätze thematisiert, allerdings seien Change-Initiatoren dennoch oftmals überfordert und wissen nicht, wie sie diese Schritte in der Praxis erreichen können (Applebaum et al, 2012). Deshalb setzt die vorliegende Forschung an der Frage an, ob und inwieweit CM durch SI unterstützt werden kann.

Tabelle 2.1 Darstellung und Erläuterung des CM-Modells. (eigene Darstellung nach Kotter, 1996)

Schritte nach Kotters Modell (1996)	Erläuterung nach Kotter (1996)
1. Das Erwecken eines Gefühls der Dringlichkeit	– MA die Dringlichkeit des Wandels vermitteln – Veranschaulichen, warum die Veränderung notwendig ist und welche Konsequenzen eine Kontinuität der bisherigen Abläufe hätte – MA werden sich selbst und ihre damit verbunden Verhaltensweisen im Unternehmen nicht ändern, wenn sie dafür keine dringende Notwendigkeit erkennen

(Fortsetzung)

---

[2] FKs, welche das Veränderungsvorhaben umsetzen möchten und anstoßen.

[3] Die Textpassage stammt aus dem Exposé der Autorin. Diese wurde im Rahmen der vorliegenden Forschungsarbeit entwickelt.

[4] Die Textpassagen zur Erklärung der acht Schritte nach Kotter (1996) in Tabelle 2.1 stammen aus dem Anhang des Exposés der Autorin und wurden entsprechend weiterentwickelt. Diese Passagen wurden im Rahmen der vorliegenden Forschungsarbeit entwickelt.

Tabelle 2.1 (Fortsetzung)

Schritte nach Kotters Modell (1996)	Erläuterung nach Kotter (1996)
2. Das Aufbauen eines Führungsteams/einer Führungskoalition	– Zusammenstellung eines Teams, welches den Wandel vorantreibt und das Vorhaben leitet – Sollte einen gewissen Einfluss auf die MA ausüben können, sowie von ihnen respektiert werden, um diese für das Veränderungsvorhaben zu aktivieren
3. Das Entwickeln einer Vision des Wandels	– Entwickeln einer Vision, die die ganze Organisation oder das betroffene Team verfolgen, ist unabdinglich – Lediglich wenn MA den Inhalt und das Ziel der Veränderung verstehen, agieren sie zu dessen Erreichung – Vision sollte dahingehend realistisch und vorstellbar sein
4. Die Kommunikation der Vision	– Vision so wiederkehrend wie möglich und auf verschiedenartigen Kanälen kommunizieren – Möglichkeiten der Fehlinterpretation offen ansprechen und thematisieren
5. Die Befähigung der MA und die Beseitigung von Hindernissen	– Aktives Einbinden der MA in den Veränderungsprozess, damit diese sich vermehrt mit der Veränderung und den daraus entstehenden Möglichkeiten befassen, anstatt mit potentiellen Gegenargumenten – Konflikte nach Möglichkeit beseitigen – MA sollten sich mit dem geänderten Verhalten bereits vertraut machen können
6. Das Anstreben und Anerkennen von kurzfristigen Erfolgen	– Kurzfristige Ziele stecken, welche MA motivieren, fortlaufend am Veränderungsvorhaben festzuhalten – Diese kurzfristigen Erfolge sollten sichtbar, zeitlich terminiert und eindeutig sein, damit sie von MA erkannt und insbesondere anerkannt werden
7. Das Konsolidieren von Erfolgen und das Antreiben weiterer Veränderungen	– Auf bisherigen Erfolgen aufbauen, um Veränderungen voranzutreiben – Nach neuen Veränderungsimpulsen suchen, da Veränderungen keinen Anfang und kein Ende haben und somit nie stillstehen sollten (Applebaum et al., 2012) – Weitere Personen sollten hier als Change-Agenten in den Veränderungsprozess involviert werden

(Fortsetzung)

Tabelle 2.1   (Fortsetzung)

Schritte nach Kotters Modell (1996)	Erläuterung nach Kotter (1996)
8.Das Verankern von Veränderungen in der Unternehmenskultur	– Einbetten von Veränderungen in die Unternehmenskultur, damit erreichte Veränderungen nicht wieder verschwinden – Menschen tendieren dazu, in alte Muster zurück zu fallen (Applebaum et al., 2012) – Um Veränderungen zu festigen, müsse regelmäßig kommuniziert werden, „wie die neuen Ansätze, Verhaltensweise und Einstellungen die Gesamtperformance des Unternehmens beeinflusst haben" (Gökce, 2014) – Nach weiteren Veränderungspotentialen suchen, welche den Wandel weiter vorantreiben (Kotter, 1996)

2.3   Zentrale Herausforderungen in Veränderungsprozessen

Dieses Kapitel beabsichtigt, die laut der Fachliteratur zentralen intra- und interpersonalen Herausforderungen eines Veränderungsprozesses zu identifizieren. Laut Gilbert (2016) bedingen besonders die Herausforderungen menschlicher Natur die hohe Quote der scheiternden Veränderungsvorhaben. Folglich betont dies dessen Berücksichtigung, um Veränderungen erfolgreich umsetzen zu können. Das Modell zu Veränderungsprozessen von Kurt Lewin (1963) beschreibt die Ausgangssituation, dass es in jedem Veränderungsprozess Kräfte gibt, die den Wandel unterstützen und vorantreiben, sowie Kräfte, die den Wandel erschweren. Lewin (1963) spricht hierbei von *driving forces* und *restraining forces*. Um eine organisationale Veränderung erfolgreich umzusetzen, sollten demnach die driving forces verstärkt und die restraining forces vermindert werden. Als größte Herausforderungen, welche als erschwerende Kraft des Wandels auftreten, seien Widerstände der MA zu sehen (Gilbert, 2016). Deshalb sei es bedeutsam, diese und dessen Ursprünge zu verstehen (Gilbert, 2016). Laut Gilbert (2016) manifestieren sich Widerstände in allen Phasen eines Veränderungsprozesses, denn kein Wandel sei ohne Widerstände möglich. Diese sind „vor allem dann zu erwarten, wenn tief verankerte Bestandteile der Organisationskultur wie Normen und Werte, aber auch lieb gewonnene Routinen oder Privilegien von Veränderungen bedroht werden" (Eichler, 2011, S. 26). Von Widerstand in Veränderungen sei laut der Definition von Doppler und Lauterburg (2002, S. 336) zu sprechen, „wenn vorgesehene Entscheidungen oder getroffene Maßnahmen, die auch bei sorgfältiger Prüfung als sinnvoll, logisch oder sogar dringend notwendig erscheinen, aus zunächst nicht ersichtlichen Gründen auf diffuse Ablehnung stoßen". Thiel (2009) beschreibt, dass sich Widerstände nach Überschreiten eines individuellen Schwellenwertes manifestieren, welche verschiedene Formen mit unterschiedlichen Symptomen annehmen kann. Diese sind in Tabelle 2.2 dargestellt.

Tabelle 2.2 Formen und Symptome von Widerstand. (eigene Darstellung nach Doppler & Lauterburg, 2002, S. 326)

	Verbal (reden)	Nonverbal (verhalten)
Aktiver Widerstand (Angriff)	**Widerspruch** Gegenargumentation Vorwürfe Drohungen Sturer Formalismus	**Aufregung** Unruhe Streit Intrigen Gerüchte Cliquenbildung
Passiver Widerstand (Flucht)	**Ausweichen** Schweigen Bagatellisieren Blödeln Ins Lächerliche ziehen Unwichtiges Debattieren	**Lustlosigkeit** Unaufmerksamkeit Müdigkeit Fernbleiben Innere Emigration Krankheit

Um Widerstände letztlich zu bearbeiten, ist es relevant vorerst zu verstehen, in welchen Formen sie sich manifestieren können. Ein aktiver verbaler Widerstand gilt als konstruktiv, da Change-Initiatoren mit diesen Widerständlern in den Dialog gehen können und die Hintergründe ihrer Argumentationen erfragen können, um eventuelle Ängste besser zu verstehen und zu nehmen. Passive, verbale Widerstände argumentieren nicht aktiv gegen die Veränderung, sondern verzögern Prozesse durch das offene Signalisieren von Ablehnung. Es gilt als Change-Initiator herauszufinden, wieso diese Ablehnung besteht und diese MA hin zu einem verbalen Verhalten zu leiten, um Argumentationen nachvollziehen zu können. Passiver, aber nonverbaler Widerstand kennzeichnet sich durch nicht vorhandene Energie innerhalb dieser Personengruppe, da diese eine gleichgültige Haltung gegenüber der Veränderung vertritt. Ziel der Change-Initiatoren sollte es sein, dort positive Veränderungsenergie hervorzurufen, indem möglichst kongruente Interessen mit der Veränderung herausgearbeitet werden. Der aktive, aber nonverbale Widerstand gilt als schwierigste Widerstandsform, da diese MA Unruhe in der Organisation stiften und andere MA versuchen gegen die Veränderungsinitiative aufzuhetzen. Jedoch stecke in diesen Widerständlern ein enormes Potential, denn wenn es Change-Initiatoren gelingt, diese Personengruppe für das Veränderungsvorhaben zu begeistern, werden mir hoher Wahrscheinlichkeit lustlose und ausweichende MA ebenfalls positiver der Veränderung gegenüberstehen (Doppler & Lauterburg, 2002).

Ein Großteil der Veränderungsvorhaben scheitert, da Widerstandspotentiale ignoriert, falsch bearbeitet oder ausschließlich als störend und kontraproduktiv angesehen werden, wodurch sich diese Potentiale verhärten (Breitenbaumer, 2007). Sobald mehrere Personen an einer Entscheidungsfindung beteiligt sind oder von den Konsequenzen betroffen sind, entstehen unterschiedliche Ziele und Interessen, wodurch es zu Widerständen kommt. Diese Auseinandersetzungen würden in den meisten Unternehmen „nicht offen und konstruktiv geführt" (Breitenbaumer, 2007). Insbesondere der Austausch mit den Widersachern der Veränderung, ermöglicht das Erlangen von Informationen über Ängste, Ziele und Interessen. MA, welche in den Widerstand gehen, seien „engagierte MA, deren Energie und Motivation man [...] für die Veränderung nutzen kann" (Breitenbaumer, 2007, S. 34). Viele Change-Initiatoren würden es jedoch verpassen, genau mit diesen Widersachern der Veränderung über deren Ängste und Gründe für den Widerstand zu sprechen, wodurch sich Widerstände letztlich verhärten (Ameln, 2018). Wenn Widerstände jedoch richtig genutzt werden, bieten sie Potential zum „Lernen und zur Weiterentwicklung" (Breitenbaumer, 2007, S. 7). Um diese Ressource zu nutzen, sei es essentiell, Widerstandsursachen zu verstehen, denn nur so kämen die wahren Bedürfnisse der Organisation und deren MA zum Vorschein (Grolman, o. D.). Es ist festzuhalten, dass Widerstände als restraining force (Lewin, 1963) Veränderungsprozesse gefährden, jedoch die eigentlichen Herausforderungen in den Ursprüngen dieser Widerstände liegen (Landes & Steiner, 2014). Um Widerstände demnach zu verstehen, zu vermindern und zu vermeiden, sei es trivial, dessen Ursachen und damit verbundene psychologische Hintergründe der MA näher zu betrachten (Landes & Steiner, 2014). Aus einer Metaanalyse der Fachliteratur konnten zentrale Herausforderungen als Ursachen für Widerstände identifiziert werden, welche in den folgenden Teilabschnitten näher betrachtet werden.

Keine gemeinsame kontinuierliche Suche nach Veränderungsimpulsen

Eine der zentralen Herausforderungen, welche potentiell zum Scheitern des Veränderungsvorhabens führt, beginne schon vor dem eigentlichen Anstoß der Veränderungsinitiative (Gergs, 2016). Ein Großteil der Unternehmen verpasse es, Veränderungen vorzeitig aktiv anzugehen, um Innovationen voranzutreiben und ist somit oftmals gezwungen, radikale Veränderungen als Reaktion auf krisenhafte Zustände vorzunehmen. Eine stetige Suche nach Veränderung und Innovation ist heutzutage in einer VUCA Umgebung zu einer unabdingbaren Aufgabe geworden (Landes & Steiner, 2014). Daran anknüpfend stehe auch laut Tiffert (2013) das klassische CM vor einem Paradigmenwechsel und werde den heutigen Anforderungen nicht mehr in Gänze gerecht. Zum einen haben sich die Werte und somit die Mitbestimmungsgedanken der MA geändert und zum anderen müssen Unternehmen sich viel schneller, agiler und vor allem permanent an Umweltanforderungen anpassen. Deshalb sollte ein Veränderungszustand keine Ausnahme sein, sondern fortlaufend als Daueraufgabe stimuliert werden. Dennoch falle es einigen Unternehmen schwer, die richtigen Veränderungsimpulse im Vorfeld zu antizipieren und nicht erst auf krisenhafte Zustände zu reagieren. Es müsse ein neues Verständnis geschaffen werden, wie „CM in Organisationen zu begreifen und umzusetzen ist" (Tiffert, 2013). Der proaktive Einbezug der MA in der Antizipation von Veränderung fehle jedoch in den meisten Unternehmen und Veränderungen richten sich an hierarchischen Veränderungen aus. Dadurch entstehe das Gefühl unter MA nicht an der Lösung eines Problems, beziehungsweise der Initiative beteiligt zu sein (Die Kraft der zwei Systeme, o. D.). CM-Kompetenzen alleine reichen heute nicht mehr aus, um Widerstände zu reduzieren und mehr MA für das Vorhaben zu gewinnen. Vielmehr müsse eine innovativere Organisationskultur erschaffen werden, in welcher Veränderungen proaktiv vorangetrieben werden und nach den richtigen Veränderungsimpulsen gesucht würde (Die Kraft der zwei Systeme, o. D.). Auch Gergs (2016) betont die Wichtigkeit eines kontinuierlichen Wandels, da radikale Veränderungen MA überfordern und zu Widerständen führen. Deshalb gilt es, mit Einbezug der MA kontinuierlich nach neuen Impulsen zu suchen und das jetzige System durchgehend zu hinterfragen. Laut Franke (2014) würden dennoch Probleme nicht früh genug erkannt oder als nicht lösbar empfunden. Richten sich Veränderungsinitiativen lediglich hierarchisch aus (Die Kraft der zwei Systeme, o. D.), erleben MA die Chance der Partizipation als gering und tendieren zu Widerstand (Thiel, 2009). MA wollen „den Veränderungen nicht blind ausgeliefert sein" (Gilbert, 2016, S. 18), sondern ihre Ideen und Anliegen in die Planung und Umsetzung einbinden. Außerdem scheue das Management davor, Veränderungen anzustoßen, da dies den Anschein der Konsistenz ihrer Führung gefährden könne. Führungs-kräfte (FKs) tendieren demnach dazu, bereits einmal getroffene Entscheidungen nicht erneut zu reflektieren, da dies als Eingeständnis eines Fehlers gesehen werden könnte (Landes & Steiner, 2014). Oftmals würde kein Wandel angestoßen aus der Befürchtung heraus, dass dieser zu Machtverlust führen könnte. Um jedoch eine innovative Organisationskultur voranzutreiben, gilt es, mit Einbezug verschiedens-ter Hierarchieebenen bestehende Strukturen und Prozesse stetig zu hinterfragen, Probleme zu identifizieren und durch neue Lösungsinitiativen anzugehen (Grolman, o. D.).

Keine Anerkennung der Notwendigkeit durch mangelhafte Kommunikation
Der Widerstand von MA gegen Veränderungen resultiere mehrheitlich daher, dass die Notwendigkeit und die Ziele des Wandels nicht verstanden werden und das Fest-halten an Gewohnheiten priorisiert wird (Landes & Steiner, 2014). Zum einen sei eine ausreichende Transparenz der wesentlichen Ziele oftmals nicht gegeben (Lan-des & Steiner, 2014) und zum anderen lehnen Menschen generell das Fremde ab und reagieren auf Freiheits- oder Handlungseinschränkungen mit Widerstand (Lauer, 2010). Durch vergangene Erfolge wird das „Festhalten an Gewohnheiten verstärkt, selbst wenn sich Umweltvariablen ändern" (Landes & Steiner, 2014, S. 7), da diese Gewohnheiten Sicherheit vermitteln. Das Lernzonen-Modell von Senninger (2002) in Abbildung 2.1 veranschaulicht die menschliche Neigung, sich „in einer Kom-fortzone einzurichten, die ihnen Sicherheit verspricht" (Landes & Steiner, 2014). In dieser Zone fühlen sich Menschen sicher in ihren Verhaltensweisen, verharren aber dauerhaft im selben Status. Eine Weiterentwicklung sei nur möglich, wenn Menschen durch neue Erfahrungen in die Wachstumszone transferieren, in welcher sich neue Kompetenzen entwickeln können (Senninger, 2002). Dies geschehe aller-dings nur, wenn MA die Notwendigkeit des Wandels verstehen (Landes & Steiner, 2014). Die Panikzone ist unbedingt zu vermeiden, da dort die Handlungskompe-tenz überschritten wird, durch Überforderung der Lernvorgang behindert würde und Widerstände, sowie das Zurückkehren in die Komfortzone eine wahrscheinliche Folge sind (Landes & Steiner, 2014).

Lauer (2010) betont, dass vielerlei Widerstände ihren Ursprung in missver-ständlicher Kommunikation der Absicht des Wandels finden. MA würden einen Wandel nur als Chance begreifen und ihre Komfortzone verlassen, wenn die indi-viduell empfundenen Vorteile überwiegen (Gilbert, 2016). Dabei würden negative Konsequenzen von Veränderungen immer stärker empfunden als positive Konse-quenzen, weshalb es die Aufgabe der Change-Initiatoren sei, die Vorteile einer Veränderung deutlich zu machen (Landes & Steiner, 2014). Diese Aufgabe der

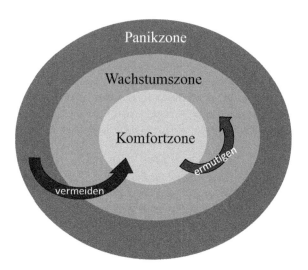

Abbildung 2.1 Lernzonen-Modell. (eigene Darstellung nach Senninger, 2000)

Kommunikation stellt sich jedoch als Herausforderung dar, weshalb laut einer Statistik zu gescheiterten Veränderungsprozessen (Statista, 2014) die Mehrheit von Veränderungsvorhaben aufgrund von unzureichender Kommunikation scheitert. Grundliegend für eine erfolgreiche Umsetzung der Veränderung sei ein gemeinsames Problembewusstsein, bei welchem MA verstehen, dass ein „Verharren im Status Quo gefährlicher ist, als alle geplanten Schritte in Richtung des Wandels" (Landes & Steiner, 2014, S. 22). Laut Breitenbaumer (2007, S. 32) entstehen viele „Widerstände und Konflikte durch […] einen Mangel an Informationen". Insofern MA der Grund, sowie das Ziel der Veränderung nicht klar ist, ist das Verlassen der Komfortzone und somit das Aufgeben von gewohnten Tätigkeiten schwer akzeptabel. Sinkt der Informationsfluss, so steigt das Risiko der Widerstände (Breitenbaumer, 2007). Es ist Aufgabe der Change-Initiatoren, diesen Informationsfluss herzustellen.

Fehlendes Vertrauen in Führungskräfte als Change-Initiatoren
Landes & Steiner (2014) beschreiben das Vertrauen in die Führungskraft (FK) als Change-Initiator als einen entscheidenden psychologischen Faktor. Auch Gilbert (2016) identifiziert das Misstrauen gegenüber den Initiatoren der Veränderung als einen der Haupttreiber für Widerstände. Somit sei es als FK bedeutend, während des gesamten Prozesses als Ansprechpartner verfügbar zu sein, als Vorbild zu

agieren und Fürsorge für verunsicherte MA zu signalisieren. Um das Gefühl von Sicherheit zu vermitteln, müssen sich FKs oft optimistischer zeigen, als sie sind, woran viele FKs scheitern (Klaffke, 2010). Laut Klaffke (2010) ist der Aspekt der Führung einer der zentralen Aspekte für die erfolgreiche Umsetzung eines Wandels. Dennoch stelle dies zeitgleich eine der größten Herausforderungen dar. FKs müssen Entscheidungen unter hohem Druck und in Zeiten von Unsicherheit treffen, haben jedoch Angst vor Fehlentscheidungen und vermitteln durch die eigene Unsicherheit den MA kein Vertrauen (Klaffke, 2010). Dies rühre daher, dass es FKs oftmals an den wichtigsten Veränderungskompetenzen fehle. Diese benennt Klaffke (2010) als Selbstvertrauen, eine positive Grundhaltung, Kreativität und ein psychisch-physisches Gleichgewicht. Letzteres wird durch eine gesunde Balance zwischen Arbeits- und Privatleben, sowie Bewältigungsstrategien für Stress in CM-Prozessen geschaffen, welche die Resilienz der Change-Initiatoren steigert (Klaffke, 2010). Nur wenn MA Vertrauen in die Change-Initiatoren hegen, sind sie bereit ihre persönliche Komfortzone zu verlassen und neue Verhaltensweisen umzusetzen (Senninger, 2000).

Unterschiedliche Zielvorstellungen, Interessen und Machtkämpfe
Die ganzheitliche Identifikation mit einem Veränderungsziel aller Change-Initiatoren gilt als primäre Voraussetzung für die erfolgreiche Umsetzung eines Veränderungsvorhabens (Oltmanns & Nemeyer, 2010). Nur wenn alle Change-Initiatoren hinter der Vision der Veränderung stehen, können diese weitere MA dafür engagieren. Bei der Definition der Vision des Wandels komme es durch die unterschiedliche Verarbeitung und Bewertung von Informationen der Ausgangslage, sowie unterschiedlichen Ansichten über die Zielvorstellung und -erreichung zu Interessenskonflikten (Thiel, 2009). Landes & Steiner (2014, S. 5) beschreiben, dass einer der ersten Ursprünge für Widerstand darin läge, dass sich Change-Initiatoren nicht über „Ziele, Wege zur Zielerreichung und Strategien" einig sind. Entsprechend beschreibt es eine Statistik (Statista, 2009), welche mit 69 % Interessen- und Zielkonflikte als eine der größten Schwierigkeiten einer Veränderung identifiziert. Bei der Visions-Entwicklung würde oftmals nur eine Möglichkeit als Veränderungsziel berücksichtigt. Es komme zu einer Unempfänglichkeit für andere Lösungen, welche potenziell effektiver wären (Landes & Steiner, 2014). Diese Interessensgegensätze sollten unbedingt vor der Zieldefinition bearbeitet werden, um eine Vision zu schaffen, mit welcher alle Change-Initiatoren konform sind (Thiel, 2009). Nicht nur unterhalb der Change-Initiatoren charakterisieren unterschiedliche Interessen eine Herausforderung, sondern auch unterhalb der MA, welche die Veränderungen

umsetzen sollen. Breitenbaumer (2007, S. 32) beschreibt, dass MA häufig in den Widerstand gehen, da zentrale Interessen „wie materielle Vorteile, Prestige und/oder Macht, die im Zuge eines Change-Prozesses leicht als gefährdet wahrgenommen werden" oder sich MA nicht mit der Vision identifizieren können.

Keine klare Kommunikation der Vision und Ziele

Landes & Steiner (2014, S. 21) konstatieren, dass der Erfolg eines Wandels in der „verständlichen Kommunikation der Vision, der Ziele und des Sinns" besteht. Neben der Veranschaulichung der Dringlichkeit des Wandels sei ein kritischer Punkt die Kommunikation dessen Vision. Zur verständlichen Kommunikation der Vision sei vorerst eine korrekte Erarbeitung der Vision unterhalb der Change-Initiatoren maßgeblich (Landes & Steiner, 2014). Diese Erarbeitung der Vision wird, wie in Abschnitt 2.3 dargestellt, durch unterschiedliche Zielvorstellungen und Interessen der Beteiligten erschwert. Nachdem eine gemeinsame Vision der Change-Initiatoren erarbeitet wurde, müsse diese den MA verständlich kommuniziert werden (Landes & Steiner, 2014). Das Golden Circle Modell nach Sinek (2009) aus Abbildung 2.2 beschreibt, dass es für Menschen essentiell ist zu wissen, warum eine Handlung vollzogen werden soll. Das *Warum*, welches im Zentrum des Modells steht, soll „das Wesen, das Ziel und den Sinn" (Landes & Steiner, 2014, S. 21) eines Verhaltens oder Prozesses beschreiben. Außerhalb des *Warums* steht der Wirkungskreis des *Wie*, welcher genaue Methoden und Techniken erklärt. Letztlich soll das *Was* definieren, „welche Produkte oder Prozesse konkret angegangen werden" (Landes & Steiner, 2014, S. 21). Ohne ein ausreichendes Verständnis für das Warum, könne keine klare Kommunikation der Vision werden. Landes & Steiner (2014) beschreiben, dass die Erarbeitung und Kommunikation des Warums oftmals nicht ausreichend berücksichtigt wird. Obwohl die verständliche Kommunikation der Vision Bestandteil des CM-Modells nach Kotter (1996) ist, stelle dies Veränderungsvorhaben immer noch vor eine Herausforderung, an welcher viele Change-Initiatoren scheitern. Folglich würde die Vision von den MA nicht vollumfänglich verstanden, wodurch sie sich damit nicht identifizieren und die Wahrscheinlichkeit von Widerständen erhöht würde (Landes & Steiner, 2014).

Fehlende Berücksichtigung der Bedürfnisse und erzielten Erfolge

Unvermeidbare Widerstände in Veränderungsprozessen beruhen auf emotionalen Reaktionen der MA, welche Bedenken, Befürchtungen oder Angst haben (Gilbert, 2016). Breitenbaumer (2007) beschreibt die Angst der MA vor der Veränderung als eine der häufigsten Ursachen für Widerstände. Deshalb sei es wichtig, ein noch intensiveres Verständnis für die emotionalen Reaktionen der MA zu schaffen, sowie Raum und Zeit für die Stimmungen der MA während der Veränderung einzuplanen.

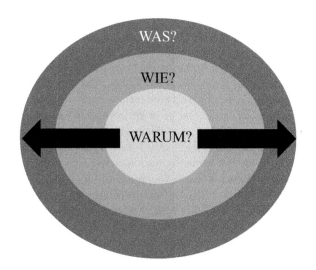

Abbildung 2.2   Golden Circle Modell. (eigene Darstellung nach Sinek, 2000)

Dabei sei der Einstieg in den Dialog erforderlich, welcher Change-Initiatoren nicht gelinge, da emotionale Reaktionen als qualitativ gering bewertet würden (Stolzenberg & Heberle, 2006). Die Angst der MA vor Neuem sei oftmals nicht rational begründbar, sondern greife auf individuelle emotionale Reaktionen zurück, welche die Veränderung als überfordernd bewerten. Deshalb sei es umso wichtiger, Faktoren der Überforderung zu kennen, um nicht zu hohe Anforderungen an MA zu stellen. Kennen Change-Initiatoren diese nicht, bestehe die Gefahr, dass MA nach dem Lernzonen-Modell nach Senninger (2002) aus Abbildung 2.1 in die Panikzone geraten, welche zu Widerständen führe. Folglich kehren MA zurück in ihre Komfortzone, deren Verlassen nun noch schwieriger zu erreichen ist. Folge von Veränderungen sind „zunächst Verunsicherung und die Befürchtung von Schwierigkeiten und Aufwand" (Landes & Steiner, 2014). Diese Befürchtungen und Ängste sollten unweigerlich thematisiert und abgebaut werden, woran CM heute oftmals scheitert. MA hegen ein Existenzbedürfnis, indem sie um die Sicherheit ihres Arbeitsplatzes fürchten. Diese Ängste sollten „adressiert und entkräftet werden, bevor sie entstehen oder sich ausweiten" (Landes & Steiner, 2014, S. 23). Darüber hinaus beschreibt Kump (2014), dass sich Veränderungen auf das berufliche Selbstverständnis der MA auswirken, auf ihre berufliche Identität. Diese wird von den MA hinterfragt und aus Unsicherheit um ihre berufliche Identität reagieren diese oft mit Widerständen. Deshalb gilt es, in einem Veränderungsprozess sich mit der beruflichen Identität der einzelnen MA zu beschäftigen, um diesen eine Sicherheit zu vermitteln und Verlustängste abzubauen. Auch Thiel (2009) beschreibt, dass Widerstände oftmals als Folge von bewussten, sowie verborgenen Verlustängsten auftreten. Davon betroffen seien der „Status, das Tätigkeitsspektrum, die berufliche Identität, die Arbeitsbedingungen und -beziehungen, das eigene Gehalt und die Arbeitsplatzsicherheit" (Thiel, 2009, S. 238). Werden diese Verlustängste nicht richtig adressiert und ein Forum zu dessen Abbau geschaffen, komme es zu Widerständen (Stolzenberg & Heberle, 2006). Da MA, welche eine ablehnende Haltung vertreten, oftmals nicht über ihre Befürchtungen sprechen, sondern in einen stillen Widerstand gehen, ist es umso wichtiger, tieferliegende Bedürfnisse zu identifizieren. Dies gelinge jedoch häufig nicht durch direktes Fragen, weshalb dessen Identifikation und Berücksichtigung umso schwieriger sei (Thiel, 2009). Um das Bedürfnis nach Anerkennung, Respekt und Selbstverwirklichung, sowie das Bedürfnis nach Kontrolle zu befriedigen, sollten „Betroffene zu Beteiligten" (Landes & Steiner, 2013, S. 23) gemacht werden und an Lösungsfindungen des Veränderungsprozesses beteiligt werden. Wenn die Chancen einer Beteiligung am Veränderungsprozess gering ausfallen, sei dessen Akzeptanz ebenso gering (Thiel, 2009). Während eines Veränderungsprozesses sei es immens wichtig, dass Change-Initiatoren für emotionale Reaktionen der MA sensibilisiert werden, um Ängste zu vermindern. Oftmals scheitern FKs jedoch an dieser Aufgabe, da sie selbst von der Veränderung verunsichert oder überfordert sind (Landes & Steiner, 2014). Bei der Verkündung von anstehenden Veränderungen, wird neben Angst bei den MA auch Stress ausgelöst, welchen es zu bewältigen gilt. Wenn Ängste der MA nicht abgebaut werden können, würde ein Veränderungsvorhabenden als Stress empfunden, obwohl die Veränderung selber einen neutralen Stressor darstellt (Lazarus, 1966). Laut Landes & Steiner (2014) könne durch verschiedene Coping-Mechanismen dieser Stress vermindert und die Veränderung als Chance begriffen werden. Jedoch liefern CM-Modelle bislang keine ausreichenden Handlungsempfehlungen, wie dies umzusetzen ist (Landes & Steiner, 2014). Laut Thiel (2009) sei ein weiterer kritischer Punkt in Veränderungsprozessen das Anerkennen von Erfolgen, wobei Ressourcen identifiziert werden, welche zum einen für das Vorantreiben von weiteren Veränderungen nützlich sind und zum anderen MA ermutigen, die Verhaltensänderung beizubehalten. Wird dies nicht ausreichend getan, bestehe die Gefahr, dass MA in alte Verhaltensmuster und somit in ihre Komfortzone zurückkehren (Landes & Steiner). Nur weil bereits die ersten Veränderungen eintreten, dürften Change-Initiatoren diesen wichtigen Schritt nicht vernachlässigen. Demnach gebe es keinen Endpunkt einer Veränderung, sondern erzielte Erfolge und nutzbare Ressourcen müssen kontinuierlich erkannt werden (Thiel, 2009).

Zusammenfassende Betrachtung der Herausforderungen

Zusammenfassend ist festzuhalten, dass Veränderungsprozesse diversen Herausforderungen begegnen. Diese gilt es zu berücksichtigen, da sie als Ursachen
für Widerstände zu betrachten sind und Veränderungsprozesse somit signifikant
gefährden (Breitenbaumer, 2007). Bei der abschließenden Betrachtung von Widerstandsursachen ist festzuhalten, dass dessen Verhinderung und Bearbeitung sich als
eine komplexe Aufgabe darstellt, welche „nicht minder umfassend, als der Veränderungsprozess selbst ist" (Breitenbaumer, 2007, S. 39). Jedoch könne durch
effektives CM mit einem „planvollen und bewussten Umgang mit Widerständen
und Ängsten der Beteiligten ein erfolgreicher und nachhaltiger Wandel gefördert
werden" (Landes & Steiner, 2014, S. 1). Das Ziel von CM ist es demnach, Veränderungen zu begleiten (Stück, 2012) und die hier dargestellten Herausforderungen zu
antizipieren, um Veränderungsvorhaben erfolgreich umzusetzen. Die hohe Quote
des Scheiterns von Veränderungsprozessen suggeriert jedoch, dass es trotz der
zahlreich vorhandenen CM-Modelle (Schott & Wick, o. D.) an deren praktischen
Umsetzung mangelt und Herausforderungen nicht erfolgsbringend angegangen werden (Applebaum et al., 2012). Es sei zwar Aufgabe der Change-Initiatoren diese
Herausforderungen anzugehen, allerdings fehle es an „Wissen, Verständnis, unum-
gänglicher Neutralität, aber auch an Zeit" (Breitenbaumer, 2007, S. 40). Deshalb sei
oftmals der Einsatz eines externen Beraters oder Coachs gefragt (Breitenbaumer,
2007). Diese Thesis zielt darauf ab zu klären, ob und wie die in den vorherigen Teilabschnitten herausgestellten Herausforderungen durch SC und dem damit
verbundenen Einsatz eines Systemischen Coachs angegangen werden können, um
Veränderungen erfolgreicher umzusetzen. Das Betrachten der signifikantesten Herausforderungen ist demnach eminent, um den Bedarf von Coaching-Interventionen
zu klären. Um diese Herausforderungen zeitlich entlang eines Veränderungsprozesses zu verorten, werden die in diesem Kapitel herausgestellten Herausforderungen
in Tabelle 2.3 auf das CM-Modell nach Kotter (1996) eingeordnet und zusammengefasst. Dabei wird deutlich, dass ein weiterer wichtiger Schritt für das erfolgreiche
Umsetzen von Veränderungen nicht in Kotters Modell (1996) berücksichtigt wurde,
da Herausforderungen identifiziert wurden, welche vor dem eigentlichen Beginn
eines Veränderungsprozesses stattfinden. Diese sind in Tabelle 2.3 gekennzeichnet.

Tabelle 2.3 Zentrale Herausforderungen eines Veränderungsprozesses. (eigene Darstellung)

	Schritte in einem Veränderungsprozess	Zentrale Herausforderungen
vor dem Anstoß eines Veränderungsprozesses (nicht in Kotters Modell enthalten)	Aktive Suche nach neuen Vcränderungsimpulsen, um radikale Veränderungen zu vermeiden und eine innovative Organisationskultur zu fördern	**Keine kontinuierliche Suche nach Veränderungspotentialen, bei welcher feste Strukturen hinterfragt werden** • MA haben das Gefühl nicht in diese Suche einbezogen zu sein • Potentielle zukünftige Probleme werden nicht früh genug erkannt oder als nicht lösbar dargestellt • Veränderungssuche wird aufgrund von Machtverlust vermieden
Stufen des CM-Modell nach Kotter (1996)	1. Das Erwecken eines Gefühls der Dringlichkeit	**Dringlichkeit des Wandels wird nicht klar kommuniziert** • MA verstehen die Konsequenzen eines Verharrens im Ist-Zustand nicht • MA erkennen individuelle Chancen nicht • MA halten an Gewohnheiten fest und verlassen Komfortzone nicht
	2. Das Aufbauen eines Führungsteams/einer Führungskoalition	**Fehlendes Vertrauen in FKs als Change-Initiatoren** • FKs treten nicht optimistisch genug auf • FKs haben Angst vor Fehlentscheidungen und sind dadurch unsicher • FKs sind gestresst und können diesen nicht abbauen, wodurch sie nicht resilient fur Widerstände sind

(Fortsetzung)

Tabelle 2.3   (Fortsetzung)

Schritte in einem Veränderungsprozess	Zentrale Herausforderungen
3. Das Entwickeln einer Vision des Wandels	**Unterschiedliche Ziele und Interessen der Change-Initiatoren** • Gemeinsame Vision wird nicht gefunden • Beteiligte denken nur an eigene Interessen • Verschlossenheit für andere Ziele und Möglichkeiten als die eigenen
4. Die Kommunikation der Vision	**MA verstehen den Sinn der Vision nicht** • Das „Warum" (Sinek, 2009) wird MA nicht ausreichend kommuniziert • MA identifizieren sich nicht mit der Vision • MA sehen ihre eigenen Interessen im Konflikt mit der Vision, weshalb diese sie nicht verstehen möchten
5. Die Befähigung der MA und Beseitigung von Hindernissen	**Emotionale Reaktionen der Mitarbeiter werden nicht berücksichtigt** • Ängste, Befürchtungen und Bedürfnisse werden nicht gehört und gemeinsam abgebaut • Faktoren der Überforderung der MA sind nicht bekannt und werden somit nicht beachtet • MA furchten die berufliche Identität nach dem Wandel
6. Das Anstreben und Anerkennen von kurzfristigen Erfolgen	**Geänderte Verhaltensmuster und Erfolge werden nicht ausreichend gewürdigt** • Erfolge identifizieren und reflektieren, um Ressourcen für weitere Veränderungen zu nutzen

(Fortsetzung)

Tabelle 2.3 (Fortsetzung)

Schritte in einem Veränderungsprozess	Zentrale Herausforderungen
7. Das Konsolidieren von Erfolgen und das Antreiben weiterer Veränderungen	**Change-Initiatoren sind für weitere** **– Lösungsmöglichkeiten der MA nicht offen** • Das Bedürfnis nach Anerkennung der MA wird nicht befriedigt, indem ihre Lösungsvorschläge nicht beachtet werden • Bestehende Strukturen werden nicht genügend gemeinsam hinterfragt
8. Das Verankern von Veränderungen in der Unternehmenskultur	Keine Herausforderungen identifiziert

2.4   Coaching: Einführung und Definition

Das Ziel dieses Kapitels ist es, ein Verständnis für den Begriff *Coaching* zu schaffen und das dahinterstehende Konzept zu verstehen. In der Fachliteratur ist keine allgemeingültige Definition von Coaching zu finden, sondern es handelt sich um eine Ansammlung von Definitionen mit unterschiedlichen Zugängen (Webers, 2020).[5] Bei genauerer Betrachtung des Begriffes *Coach* bedeutet dieser im übersetzten Sinne „Kutsche" (Webers, 2020), was impliziert, dass der Coach nicht die Aufgabe hat, die Kutsche selbst zu ziehen, sondern die Pferde zu lenken (König & Volmer, 2019). Es gehe im Coaching also vielmehr um eine Unterstützung, als um einen Ratschlag. Webers (2020) präsentiert in seinem Buch „Systemisches Coaching" verschiedene populäre Definitionen, welche sich in ihrer Definitionsbreite und dem gesetzten Fokus unterscheiden. Eine breite Definition liefert dabei der ICF (o. D.):

> ICF definiert Coaching als die Zusammenarbeit mit Klienten in einem gedankenanregenden und kreativen Prozess, welcher die Klienten dazu inspiriert, ihr persönliches und berufliches Potential zu maximieren. Dieses sei in der heutigen unsicheren und

---

[5] Die Textpassage stammt aus dem Exposé der Autorin. Diese wurde im Rahmen der vorliegenden Forschungsarbeit entwickelt.

komplexen Umwelt sehr wichtig. Coachs sehen den Klienten als Experte seines eigenen Lebens und der Arbeit und glauben, dass jeder Klient kreativ, ressourcenvoll und
vollkommen ist [eigene Übersetzung].

Die Definition des Deutschen Bundesverband Coaching (DBVC) legt den Fokus
maßgeblich auf die Zielgruppe und definiert Coaching als „professionelle Beratung, Begleitung und Unterstützung von Personen mit Führungs- und Steuerungs-
funktion und von Experten in Organisationen" (DBVC 2012, S. 20). Während
die Definition des DBVC Coaching als Instrument ausschließlich im organisationalen Kontext für Führungs- und Steuerungspersonen betrachtet, fokussiert sich
Greif (2008) auf die Wirkfaktoren von Coaching und beschränkt sich auf keine
Zielgruppe. Er definiert Coaching als „intensive und systematische Förderung
ergebnisorientierter Problem- und Selbstreflexion sowie Beratung von Personen
oder Gruppen zur Verbesserung der Erreichung selbstkongruenter Ziele oder zur
bewussten Selbstveränderung und Selbstentwicklung" (Greif, 2008, S. 59). Es ist
zu konkludieren, dass keine allgemeingültige Definition vorherrscht, nach welcher sich Coaching ausrichtet. Dies sei oftmals individueller Natur des Coachs
(König & Volmer, 2019). Dennoch habe der deutsche Roundtable der Coaching-
Verbände (RTC, 2015), welcher eine Interessensgemeinschaft aus zehn Berufs-
und Fachverbänden bildet, im Jahre 2015 erstmals versucht, eine allgemeine Definition der Profession des Coachs zu formulieren, an der sich die zugehörigen
Verbände ausrichten können:

Coaching richtet sich an einzelne Personen (bzw. Personengruppen) und fördert
deren Fähigkeit zur Selbstorganisation im Berufs- und Arbeitsleben. Coaching unterstützt die Person bei der Gestaltung ihrer persönlichen Entwicklung, ihrer sozialen Rollen und ihrer Kooperationsbeziehungen sowie bei der Bewältigung ihrer
Entscheidungs- und Handlungsanforderungen im Arbeitsleben. Coaching wird durch
einen Coach ausgeübt, dessen Qualifizierung von einem Berufs- oder Fachver-
band anerkannt ist. Im Dialog zwischen Coach und Klient werden Reflexions-
und (Selbst-)Erfahrungsräume eröffnet und Klärungsprozesse initiiert. Durch die
Erschließung neuer Perspektiven werden Entwicklungspotenziale und Handlungsspielräume erschlossen, Lern- und Veränderungsprozesse angeregt und begleitet,
sowie die Entscheidungs- und Handlungsfähigkeit gestärkt.[6]

Diese Definition des RTC (2015) deckt verschiedene Facetten von Coaching im
Detail ab und wird für den Verlauf dieser Thesis als definitorische Grundlage verstanden. Darüber hinaus ist es relevant, kennzeichnende Merkmale von Coaching

---

[6] Die Textpassage stammt aus dem Exposé der Autorin. Diese wurde im Rahmen der vorliegenden Forschungsarbeit entwickelt.

zu betrachten, Coaching von anderen kommunikativen Settings abzugrenzen und den Coaching-Prozess zu beschreiben. Um demnach Coaching näher einzugrenzen, bestimmen König und Volmer (2019) fünf Merkmale von Coaching, welche im Folgenden dargestellt werden.

1. Schwerpunkt des Coachings sind berufliche Themen: Da die Grenze zwischen beruflichen und privaten Problemen oft fließend ist und private Probleme die Situation beeinflussen können, können diese dennoch indirekt Teil des Coachings werden.
2. Coaching ist Interaktion zwischen zwei oder mehreren Personen: In einem Einzelcoaching gibt es folglich nur einen Coachee[7] oder in Gruppencoachings auch mehrere Coachees. Als Coachee wird die Person bezeichnet, die ein Coaching in Anspruch nimmt.
3. Coaching ist Unterstützung bei der Lösung von Problemen: Der Coach leistet dem Coachee Hilfe zur Selbsthilfe und unterstützt dabei, Lösungen für Probleme zu finden. Dabei ist ein Problem im Verständnis der Problempsychologie nicht zwangsläufig negativ behaftet, sondern beschreibt die Situation, in der ein Lebewesen ein Ziel hat, welches es erreichen möchte. Demnach sei Coaching auch das „Bewusstmachen von Ressourcen, Ausbauen von Stärken und Stabilisierung des Erreichten" (König & Volmer, 2019, S. 12).
4. Coaching ist Prozessberatung: Im Unterschied zu einer Expertenberatung gibt der Coach dem Coachee die Lösung in der Prozessberatung nicht vor, sondern unterstützt dabei, die Situation „selbst klarer zu sehen und neue Lösungen zu finden" (König & Volmer, 2019, S. 13).
5. Coaching ist professionelles Handeln: Coaching benötigt eine theoretische Grundlage, bedient sich bestimmter Methoden und geht von dem Menschenbild aus, dass Menschen autonom handeln können und Entscheidungen treffen können.

Über die Bestimmung der Merkmale von Coaching hinaus ist es essentiell, Coaching von anderen kommunikativen Settings, Therapie- und Beratungsformen abzugrenzen. Obwohl im Coaching auf eine Vielzahl psychotherapeutischer Konzepte zurückgegriffen wird (Webers, 2020), ist eine klare Trennung zwischen Psychotherapie und Coaching unabdinglich. Coaching sei dabei ausschließlich ein Angebot, welches sich an gesunde Personen richtet und dürfe nicht als „verdeckte Psychotherapie für Manager" (Webers, 2020, S. 6) verstanden werden. Bei

---

[7] Als Coachee wird die Person bezeichnet, die ein Coaching in Anspruch nimmt.

Coaching gehe es lediglich darum, sich mit im Berufsleben auftretenden Problemen auseinanderzusetzen. Derweil sei die Behandlung psychischer Erkrankungen gesetzlich geregelt und demnach ausschließlich „entsprechend ausgebildeten medizinischen oder psychotherapeutischen Experten" zuzuteilen (Webers, 2020, S. 7).

Oftmals werden außerdem Coaching und das Konzept der Supervision gleichgesetzt, wobei laut Webers (2020, S. 7) Supervision seinen Ursprung im sozialen Bereich findet und für „Sozialarbeiter, Therapeuten oder ähnliche Berufsgruppen die Möglichkeit bietet, das eigene Handeln zu reflektieren". Gemein haben Coaching und Supervision dabei den Aspekt der Reflexion. Coaching und Mentoring hingegen können ziemlich genau voneinander abgrenzt werden, da Mentoring „als Patenschaft zwischen einem älteren/erfahrenen und jüngeren/unerfahrenen MA" (Webers, 2020, S. 7) verstanden werde und „fast immer ein hierarchisches Gefälle" (Webers, 2020, S. 7) impliziere. Entsprechend werden Mentoring Programme oftmals beim Einarbeiten neuer MA genutzt.

Der Unterschied zwischen Coaching und Training sollte ebenso gezogen werden da, Training ein bestimmtes Verhalten gezielt in einem Übungsraum trainieren und entwickeln möchte, während es beim Coaching eher um die „Haltung und Werte geht, welche dem Verhalten zu Grunde liegen" (Webers, 2020, S. 7). Die letzte Abgrenzung bezieht sich auf den Unterschied von Coaching zu Beratung. Während Coaching als Prozessberatung gilt, grenze es sich laut Webers (2020) von einer Expertenberatung ab. Im Coaching wird im Gegensatz zur Expertenberatung keine Lösung, also kein Ergebnis vorgegeben, sondern der Coachee trägt die Lösung in sich und wird lediglich durch den Coach angeregt, diese Lösung selbst zu finden. Der Coach leistet also „Hilfe zur Selbsthilfe" (Webers, 2020, S. 7).

Der typische Ablauf eines Coaching-Prozesses wird an dieser Stelle nicht genauer betrachtet, allerdings setze er sich laut Schumann (2013) in der Regel aus folgenden Phasen zusammen:

1. Bedarfsermittlung und Coachauswahl durch das Unternehmen
2. Auftragsklärung und Vertragsgestaltung
3. Kennenlerngespräch, Ausgangsklärung und Zielvereinbarung
4. Coaching-Sitzungen
5. Abschlusssitzung und Evaluation

Nach der Klärung des allgemeinen Verständnisses von Coaching, dient dieses als Grundlage, um den systemischen Ansatz im Coaching im Folgekapitel näher zu erläutern.

2.5   Der systemische Ansatz von Coaching

Unter *systemisch* wird heute „eine Form psychosozialer Praxis" (Schlippe, 2015,
S. 7) verstanden, die zunächst in der Familientherapie Anwendung fand, heute
aber auch in anderen psychotherapeutischen, pädagogischen und organisationalen
Kontexten genutzt wird. SC ist eine Form von Coaching, welche laut Stahl und
Marlinghaus (2000) die mit 38 % am häufigsten genutzte Coaching-Technik ist,
wodurch dessen Relevanz betont wird. Laut Change Concepts (2016, S. 2) ist SC
„eine moderne Form der Beratung im beruflichen Kontext für Einzelpersonen und
Teams" wobei der Mensch in seiner beruflichen Lebenswelt steht, allerdings auch
darüberhinausgehende Aspekte betrachtet werden. SC sieht den Coachee nicht als
isolierte Person, sondern immer „als Teil von Systemen, in denen Wechselwirkungen bestehen" (Change Concepts, 2016, S. 2). Somit richtet SC den Blick
nicht nur auf die Einzelperson selber, sondern vermehrt auf „Zusammenhänge,
Ursachen und Wirkungen, Beziehungen, Kommunikations- und Verhaltensmuster" (Change Concepts, 2016, S. 2). Heutzutage ist Coaches vermehrt bewusst,
„dass zu bearbeitende Probleme stets in soziale Interaktionen und Sinn-Prozesse
eingebettet sind und nicht nur einem isolierten Einzelnen attribuiert werden können" (Kriz, 2016, S. 1). Private, sowie organisationale Prozesse seien immer mit
Interaktionsdynamiken verknüpft, welche als System verstanden werden. Das
bedeutet, dass sich der Tunnelblick auf ein Individuum löst und auf „seinen
sozialen Bezug erweitert und sich zu einem Austausch von Wirklichkeitsbeschrei-
bungen weiterer Beobachter" entwickelt hat (Webers, 2020, S. 20).[8] Systemische
Coaches werden im organisationalen Kontext vermehrt eingesetzt, „da sie das
organisatorische System eines Unternehmens ganzheitlich erfassen" (Schumann,
2013, S. 224). Der Blick des Coachs richtet sich entsprechend nicht nur auf Ursachen, sondern vielmehr auf Wechselwirkungen. SC zeichnet sich außerdem durch
eine deutliche Ziel- und Lösungs-, sowie Ressourcenorientierung aus. Dabei wird
davon ausgegangen, dass der Coachee die Lösung bereits in sich trägt, welche
durch systemische Interventionstechniken explizit verfügbar gemacht werden soll
(Schumann, 2013). Laut Webers (2020) entstand das systemische Denken aus
verschieden Quellen und der Begriff „systemisch" sei heute unscharf, da bei
seinem Gebrauch auf unterschiedlichste Theorie-Ursprünge zurückgegriffen wird
oder die Praxis überhaupt nicht theorie-fundiert stattfinde. Auf die Entstehung
der Systemtheorie wird in dieser Arbeit aufgrund des begrenzten Ausmaßes nicht

---

[8] Die Textpassage stammt aus dem Exposé der Autorin. Diese wurde im Rahmen der vorliegenden Forschungsarbeit entwickelt.

weiter eingegangen, jedoch wird für ein intensiveres Verständnis im Folgenden die Organisation als System beschrieben.

Um Organisationen als System zu verstehen, ist es essentiell, das Konzept des Systems zu konkretisieren. Dabei gibt es unterschiedlichste Definitionen für ein System, welche laut Kritz (2016, S. 1) dennoch einige Gemeinsamkeiten aufweisen: „Es ist das Zusammenwirken vieler Elemente, Teile oder Aspekte in einem strukturierten Ganzen (eben dem System), das sich von einer Umgebung abgrenzen lässt, auf Einflüsse ganzheitlich reagiert und/oder mit anderen Systemen interagiert. Insgesamt lassen sich dabei typischerweise Erscheinungen beobachten, die nicht auf einzelne Komponenten zurückzuführen sind, sondern bei denen sich vielmehr Veränderungen an einzelnen Stellen netzwerkartig an vielen anderen Stellen auswirken". Diese Auswirkungen in einem System werden auch Rückkopplungen genannt.

Die Systemtheorie nach Luhmann (2000) beschreibt Organisationen als soziale Systeme, welche aus Netzwerken von Kommunikationen bestehen. Das Besondere an einer Organisation als soziales System sei, dass „Kommunikationen die Form von Entscheidungen annimmt" (Ameln, 2018, S. 4). Kommunikation sei demnach die kleinste Einheit der Organisation und Menschen bilden einen Teil der Umwelt der Organisation. Psychische und körperliche Vorgänge der Menschen seien deshalb lediglich für die Organisation relevant, soweit sie in die Kommunikation eingebunden werden. Außerdem seien soziale Systeme sinnbasiert, was besonders bei Veränderungsprozessen eine bedeutsame Rolle spielt. Die Sinnkonstruktion der menschlichen Akteure des Systems findet „vor dem Hintergrund statt, dass es immer auch anders ginge" (Ameln, 2018, S. 5). MA handeln folglich auf der Basis von „individuellen Sinnzuschreibungen, mit deren Hilfe sie in eine komplexe […] Wirklichkeit subjektive Ordnung stiften (Ameln, 2018, S. 6). Nur wenn sie subjektive Ordnung mit dem Veränderungsvorhaben kongruent ist, werden MA Veränderungen umsetzen und nicht als potentielle Widerstandskämpfer zur möglicherweise unüberwindbaren Herausforderung der Veränderung werden. Aus Systemtheoretischer Sicht ist eine Organisation ein System, welches „zwar Menschen als Akteure voraussetzt, dann aber eine eigenständige Geltung erlangt und eigenen Gesetzmäßigkeiten folgt, die auf die Akteure zurückwirkt" (Ameln, 2018, S. 6).

Wenn Berater sich im SC bewegen, sollten folgende Gesichtspunkte des Systemischen Denkens laut Eichler (2011, S. 22 f.) immer berücksichtigt werden:

- Ein System besteht aus Strukturen, Regeln, Beziehungen, Handlungen und Kommunikationen, die von Menschen, die dieses System bilden, bzw. Bestandteil dieses Systems sind, erzeugt werden.

- Es gibt keine eindeutigen, linearen Ursache-Wirkungs-Ketten. Die verschiedenen Bestandteile von Systemen bedingen sich wechselseitig und müssen in ihrem Wechselspiel berücksichtigt werden. Insofern können Lösungen nicht einfach ursachen- oder vergangenheitsorientiert gewonnen werden.
- Systemisches Denken ist ressourcen- und zukunftsorientiert. Lösungen zielen letztlich auf die Optimierung des sozialen Systems ab.
- Menschen haben Handlungs- und Entscheidungsspielräume. Sie können Handlungen und Entscheidungen wählen. Diese Erkenntnis erfordert zugleich die bewusste Übernahme von Eigenverantwortung. Der Coachee bleibt Experte für die Inhalte (Problem- und Lösungswelt), während der Coach für die Gestaltung des Prozesses verantwortlich ist.

Laut Webers (2020, S. 11) sei SC in Organisationen sinnvoll, da Probleme nicht nur im individuellen Kontext von Einzelpersonen entstehen, weshalb „Coaching-Anliegen auch oft sachlicher, organisatorischer Art sind". Diese Anliegen betreffen häufig die eigene Arbeitsweise, die Zusammenarbeit mit Kollegen, oder auch strategische und organisationale Veränderungen. Auch wenn augenscheinlich sachliche Anliegen in den Vordergrund treten, „können Klienten sich als Person nicht ausklammern" (Webers, 2020, S. 211). Auch in Organisationen lassen sich Probleme also nicht lösen, wenn der Fokus nur auf einem Element in diesem System liegt. Dabei sind die Probleminhaber die MA, weshalb es von absoluter Relevanz ist, das Verhalten, welches sie in dem System leitet, zu kennen.

Bei der Betrachtung von Widerständen in Veränderungsprozessen seien diese laut Thiel (2009) Konflikte, welche in einer systemischen Sichtweise nicht nur auf der Beziehungsebene der beteiligten Konfliktparteien betrachtet werden, sondern auch das Zusammenspiel der Subsysteme hinzugezogen werden müsse. Erst wenn das Zusammenspiel von Subsystemen betrachtet würde, können „ungelöste Aspekte der Gesamtorganisation effizient bearbeitet werden" (Thiel, 2009, S. 242). Diese systemische Betrachtung wirke „monokausalen Ursachen und personalen Schuldzuschreibungen entgegen" (Thiel, 2009, S. 242).

Laut Rauen (2020) lassen sich Coaching-Varianten anhand der Art des Coachs, sowie des Settings unterscheiden. Klassisch für SC ist der Einsatz eines organisationsexternen Coachs, da eine entsprechende Ausbildung vorausgesetzt wird, über welche organisationsinterne Coachs meist nicht verfügen. Die vorliegende Arbeit verortet daher SC unter dem Einsatz eines professionellen[9] externen Coachs in Einzel- oder Gruppencoachings, welcher die Zusammenarbeit eines

---

[9] Eine Person, die über eine abgeschlossene Ausbildung zum Systemischen Coach verfügt.

Tabelle 2.4 Art des Coachs und mögliche Settings (adaptierte Version nach Rauen, 2002, S. 26)

Art des Coaches / Setting	Einzel-Coaching	Gruppen-Coaching
Externer Coach	Verbreitete und etablierte Variante, z.B. als Coaching für (top-)Führungskräfte oder Freiberufler	Verbreitete und etablierte Variante für die Zusammenarbeit von Gruppen, z.B. als begleitende Maßnahme bei Teamentwicklungsprozessen
Interner Stabs-Coach	Beliebter werdende Variante der internen Personalentwicklung für Führungskräfte der mittleren bis unteren Ebene	Sich weiterentwickelnde Variante, da hier z.B. interne und externe Coaches zusammenarbeiten, insbesondere bei größeren oder vielen Gruppen
Vorgesetzter als Coach (Linien-Coach)	Ursprüngliche Variante, als Teil der entwicklungsorientierten Führungsaufgabe kommen nur rangniedere Mitarbeiter als Zielgruppe in Frage	Gehört i.d.R. nicht zu den Aufgaben einer Führungskraft, da es die Kompetenz und den Zeitrahmen übersteigt

SC (annotation neben der Zeile "Externer Coach / Gruppen-Coaching")

internes Stabs-Coachs nicht ausschließt. Verschiedene Coaching-Varianten, sowie die Verortung von SC sind in Tabelle 2.4 dargestellt.

Laut dem DGSF (o. D.) sei SC eine „Prozessberatung im beruflichen Umfeld mit Blick auf die Ebenen der Organisation, der Rolle der Person und der individuellen Persönlichkeit". Das Ziel dabei sei es, die individuellen Vorhaben des Coachees und die Anforderungen der Organisation an ihn zu reflektieren und „zu einer Integration zu führen". Es sei nicht möglich einen ganzheitlichen Überblick über generelle Ziele und Anlässe von SC zu geben, da diese ausschließlich vom Coachee bestimmt werden (Rauen, 2002). Es sei allerdings möglich, Coaching-Anlässe in Organisationen in drei Kategorien einzuteilen. Auf individueller Ebene handle es sich meist um Probleme, die sich aus „Überforderung, Stress oder Konflikten ergeben, oder es geht um die Vorbereitung auf neue Aufgaben und Herausforderungen" (Backhausen und Thommen, 2017, S. 166). Auf der Gruppenebene stehen Teamkonflikte oder Teamfindungsprozesse im Mittelpunkt. Die dritte Ebene ist die Organisationsebene. Dabei geht es um „Probleme, die in organisatorische Strukturen und Prozessen und deren Veränderungen auftreten. Typische Beispiele sind CM-Prozesse" (Backhausen und Thommen, 2017). Darüber hinaus stellt sich die Frage, für welche Stakeholder im Unternehmen SC geeignet ist (Backhausen und Thommen, 2017). Überwiegend richtet sich Coaching an potenzielle oder gegenwärtige FKs, allerdings werde Coaching heute auf verschiedensten Hierarchieebenen, sowie in Teams, eingesetzt (Gross, 2016). Zusammenfassend kann demnach gesagt werden, dass SC auf die Erweiterung der Handlungs- und Lösungsmöglichkeiten, sowie die Problemlösung abzielt, indem der Blick auf das soziale System durch Interventionen der Perturbation erweitert wird. Soziale Systeme inklusive aller Mitglieder des Systems schaffen sich konstruktivistisch ihre eigene Wirklichkeit und haben nur eine eingeschränkte Sichtweise auf ihre Umwelt. Es gehe in einem Coaching nicht darum, die geeignetste Lösung zu sehen, sondern sich auf die Sichtweise des Coachees einzulassen und zu verstehen, woraus sich diese Wahrnehmung zusammensetzt (Bretschart, 2010). Die Theorie des blinden Fleckes besagt, dass „Beobachter erster Ordnung durch Selbstbeobachtung nicht in der Lage sind, das Problem zu erkennen bzw. die optimale Lösung für dieses Problem zu finden" (Bretschart, 2010, S. 21). Die Aufgabe des Coachs ist es also, jenes zu beobachten und zu beschreiben, was den Beobachtern erster Ordnung verborgen bleibt und dementsprechend geeignete Interventionen zu wählen. Durch Beobachtung zweiter Ordnung versucht der Coach zu verstehen, wie die aktuelle Situation des Systems zustande kommt, um anschließend durch Interventionen dem Coachee das eigene Verhalten und die Konstruktion zu verdeutlichen und letztlich zu alternativen Verhaltensweisen anzuregen (Wimmer, 1992). Eine übergreifende Voraussetzung für die Wirkungsfunktion von SI seien jedoch entsprechende Haltungsweisen des Coachs, welche über den gesamten Coaching-Prozess gewahrt werden müssen (Bretschart, 2010). Diese umfassen die Allparteilichkeit[10], Neutralität[11] und die Neugier im Coaching-Prozess[12] (Bretschart, 2010). Neben den genannten drei Grundhaltungen des Coachs sei es laut Weber (2020) unabdinglich, dass der Coach sich stets bewusst ist, dass Systeme nicht steuerbar sind und Interventionen nicht zu massiv gewählt werden dürfen, da es sonst zu einer Reaktanz des Coachees komme. Laut Wagner (1992) seien für ein Gelingen eines Coachings Offenheit, Vertrauen, Verbindlichkeit und Respekt zwischen Coach und Coachee eine Grundvoraussetzung. Außerdem sollte auf beiden Seiten bekannt sein, dass der Coach nicht für die Lösung des Problems verantwortlich ist, sondern lediglich durch Interventionen zu neuen Handlungs- und Lösungsmöglichkeiten anregt.

---

[10] Die allparteiliche Haltung des Coachs ermöglicht es, eine „nicht-parteiliche Position gegenüber verschiedenen Sichtweisen und Gefühlen [...] einzunehmen" (Bretschart, 2010, S. 22).

[11] 1) Neutralität gegenüber Personen: Im Coaching-Prozess soll unklar bleiben, welcher Partei der Coach mehr Zustimmung einräumt. 2) Neutralität gegenüber Problemen: Der Coach sollte keine Wertung bezüglich des Problems und dessen Nützlichkeit äußern. 3) Außerdem sollte der Coach keine Wertung gegenüber Problemerklärungen oder Lösungsideen abgeben.

[12] Es gibt keine richtige Beschreibung eines Zustandes, sondern durch Neugier soll zu weiteren zusätzlichen Beschreibungen angeregt werden. Durch Hypothesenbildung und Fragetechniken wird diese Neugier aufrechterhalten (Bretschart, 2010).

Laut Bretschart (2010) sei SC nicht auf ein bestimmtes Methodenrepertoire zu reduzieren, da diese Form der Beratung sich durch ihren systemischen Ansatz abhebt und nicht durch die Anwendung bestimmter definierter Instrumente. Auch Backhausen und Thommen (2017, S. 135) konstatieren, dass SC nicht „primär über das beobachtete Tun zu definieren ist". Es ist möglich, systemisch zu denken, aber nicht systemisch zu handeln. Es werden im SC Handlungswerkzeuge aus verschiedensten Bereichen übernommen, weshalb sich in einem SC auch Techniken und Tools aus anderen Schulen wiederfinden, manche Techniken aber auch im systemischen Feld entwickelt wurden. SC nutze sehr viele unterschiedliche Interventionen, wie beispielsweise „Fragetechniken, Aufstellungen, die Arbeit mit inneren Teilen, sowie lösungsfokussierte und provokative Techniken" (Change Concepts, 2016, S. 2). Als Intervention kann jede Methode verstanden werden, die ein Coach in Anwesenheit des Coachees anwendet (Starrmann, 2014).

Zwei wichtige Elemente eines SC seien die Wirklichkeitskonstruktion und die Bedeutungszuweisung. Im Systemischen Coaching gilt es, Daten der Wirklichkeit des Coachees zu sammeln, Bewertungen zuzuordnen und geeignete Interventionen anzuwenden (Backhausen und Thommen, 2017). Diese Vorgehensweise wird oftmals durch die systemische Schleife beschrieben, welche in Abbildung 2.3 dargestellt wird. Der Coach sammelt kontinuierlich Informationen, stellt Hypothesen auf, plant dementsprechende Interventionen und setzt diese ein (Bretschart, 2010).

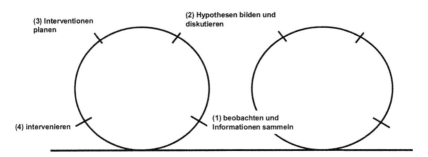

Abbildung 2.3 Idee der systemischen Schleife (Königswieser, Exner & Pelikan, 1995, S. 57)

Ziel des SC ist es, den Aufmerksamkeitsraum eines Coachees der aktuellen Gegebenheiten und auch der zukünftigen Möglichkeiten „zu stören, sodass anderes in den Blick genommen werden kann" (Backhausen und Thommen, 2017, S. 136). Um dies zu erreichen, werden im SC verschiedenste Interventionen angewandt. Typisch für SI seien Fragtechniken (Starrmann, 2014), allerdings kommen in der Praxis darüber hinaus noch andere Interventionen zum Einsatz. Ein ganzheitlicher Überblick aller Interventionstechniken ist kaum möglich, da in der Theorie und Praxis des Coachings derart viele Methoden und Begrifflichkeiten entstanden sind, dessen strukturierte Abdeckung den Rahmen dieser Arbeit sprengen würde (Starrmann, 2014). Dennoch zählen laut Backhausen und Thommen (2011), Bretschart (2010), Webers (2020), Schlippe und Schweitzer (2009), sowie Königswieser und Hillebrand (2005) die folgenden Techniken zu den meist genutzten Interventionen:

- Systemische Fragetechniken
- Hypothesenbildung
- Aufstellung
- Reflektierendes Team und Perspektivwechsel

Backhausen und Thommen (2017) betonen, dass es Aufgabe des Coachs ist zu entscheiden, welche Technik in der jeweiligen Coaching-Situation als geeignetes Werkzeug gilt. Diese Entscheidung hänge auch oftmals individuell von der Vertrautheit und Kenntnis des Beraters über diese Technik ab. Inwieweit sich SI für Herausforderungen in Veränderungsvorhaben eignen, gilt im weiteren Verlauf der Arbeit zu erörtern. Dafür wird im Folgekapitel der aktuelle Forschungsstand zu SC in Veränderungsprozessen beleuchtet.

2.6 Systemisches Coaching in Veränderungsprozessen: Forschungsstand

Veränderungsprozesse können nur gelingen, wenn bei allen MA der Organisation eine in das System integrierte Veränderungsbereitschaft besteht, welche durch Akzeptanz und Entwicklung von innen heraus angestrebt wird (Starrmann, 2014). Faktisch bestehe aber nicht immer eine Veränderungseinsicht und -bereitschaft (Gilbert, 2016), und ein Großteil der Veränderungsvorhaben scheitert an den in Abschnitt 2.3 dargestellten Herausforderungen. Um final die Forschungsfrage[13] zu beantworten, wird in diesem Kapitel der aktuelle Stand zum Einsatz von SC in Veränderungsprozessen beleuchtet. Die Relevanz von Coaching als Unterstützung in Veränderungsprozessen ist in den letzten Jahren angestiegen. Laut Schumann

---

[13] Inwieweit und mit welchen Interventionen kann SC Veränderungsprozesse unterstützen, um diese erfolgreich anzustoßen und auftretende Herausforderungen zu meistern?

(2013) seien Change-Situationen heute der zweithäufigste Coaching-Anlass für SC, wobei SI eingesetzt werden, um zu Veränderungen anzuregen, sowie „emotionale Erschütterungen als Folge von organisationalen Veränderungsprozessen" zu kurieren und dadurch FKs und MA zu unterstützen (Eichler, 2011, S. 18). Bickerich und Mickel (2016) beschreiben die Ziele von Coaching-Interventionen im CM detaillierter. Demnach solle Coaching „unterstützen, Veränderungsprozesse lösungs- und ressourcenorientiert zu bewältigen, Mitarbeitern in Situationen des Wandels Orientierung geben und Neuerungen effektiv gestalten" (Bickerich & Michel, 2016, S. 473). Die folgenden Teilabschnitte fassen thematisch zusammen, welche konkreten Coaching-Interventionen in der Fachliteratur zur Unterstützung eines Veränderungsprozesses bereits vorgeschlagen werden und welche Ziele diese Interventionen beabsichtigen. Letztlich soll erörtert werden, ob bereits Erkenntnisse vorliegen, wie die in Abschnitt 2.3 herausgestellten Herausforderungen durch Coaching-Interventionen bearbeitet werden können, um vorherrschende Forschungslücken zu identifizieren.

Innovative Kultur fördern und Veränderungsinitiativen finden
Laut Gross (2016, S. 480) könne Coaching zur Unterstützung der Innovations- und Wandlungsfähigkeit eines Unternehmens beitragen, indem die „Dynamic Capabilities"[14] der MA gefördert würden. Gegenstand eines Coachings könnte dazu die „kritische Reflexion über das Problemlösungsverhalten des Coachee" (Gross, 2016, S. 483) sein. In einem Coaching sollten dazu „fallbezogen die Lösungsstrategien sowie die aus systemischer Sicht konstruierten Realitäten des Coachee zusammen mit dem Coach analysiert und gegebenenfalls geändert werden" (Gross, 2016, S. 483). Ebenso könnten in einem Coaching Leistungs-, Motivations- und Kreativitätsblockaden aufgelöst werden, indem „Ursachen, Haltungen oder Muster des Coachee identifiziert und im Sinne der Leistungsfähigkeit des Coachee aufgelöst werden" (Gross, 2016, S. 483). Kaiser-Nolden (2010) hat sich intensiv mit der Frage beschäftigt, wie Organisationen Veränderungsinitiativen finden können. Um konkrete Veränderungsinitiativen aktiv zu antizipieren, sei es aus einer systemischen Sichtweise sinnvoll, einen Blick auf die Kontexte zu werfen, von denen die Organisation ebenfalls ein Teil ist (Kaiser-Nolden, 2010). Diese sieben Kontexte der Organisation in Abbildung 2.4 sollten nach Veränderungsimpulsen untersucht werden. Veränderungen in jedem dieser Kontexte können dazu führen, dass eine Organisation sich neuen Herausforderungen stellen muss, für welche

---

[14] Dynamic Capabilities bezeichnet „die Fähigkeit eines Unternehmens zur permanenten Erneuerung und Rekombination seiner Ressourcen im engeren Sinne und (Kern-)Kompetenzen als Antwort auf sich wandelnde Markt- und Umweltbedingungen" (Gross, 2016, S. 281).

„die Organisation neue Bewältigungsstrategien, neue Handlungsoptionen und Ressourcen (er)finden muss, um weiter zu bestehen" (Kaiser-Nolden, 2010, S. 247). Diese Organisationskontexte werden in Anlehnung an Kaiser-Nolden (2010) in Kürze erläutert: Der Kontext der Kunden stellt die Zielgruppe dar, mit welcher ein Unternehmen kontinuierlich interagiert. Erwartungen dieser Kunden können sich verändern, weshalb die Bedürfnisse der Kunden regelmäßig evaluiert werden sollten, um als Organisation darauf zu reagieren. Im Kontext der Wettbewerber geht es darum, die Marktposition zu bewerten und zu überprüfen, inwieweit Konkurrenten die Erwartungen der Kunden erfüllen. Sollten diese dies besser tun als die eigene Organisation, birgt dies Veränderungspotential. Die Interaktion mit Zulieferern stellt einen weiteren essentiellen Kontext für die Organisation, in welchem Bedingungen ausgehandelt werden, langfristige Beziehungen geschaffen werden oder Kooperationen eingegangen werden. Sollte sich im Kontext der Zulieferer etwas verändern, muss die Organisation darauf reagieren. Gesetzgebungen formen die Bahnen, in denen sich eine Organisation rechtlich bewegen darf. Wenn sich etwas an der Gesetzgebung ändert, kann dies unter Umständen Auswirkungen auf die Profitabilität eines Unternehmens haben. Diese Veränderungen sollten unbedingt von einem Unternehmen bedacht und antizipiert werden. Für Unternehmen sind auch die Interessen von Investoren oftmals ausschlaggebend für eine Veränderung von Unternehmensteilen, ähnlich wie Communities, welche eine vielfältige Konstellation menschlicher Interessen darstellt. Diese Interessen können einen massiven Druck auf ein Unternehmen ausüben, welches sich dementsprechend (neu)positioniert. Letztlich kann auch der Kontext der Arbeitskräfte, wessen Interessen oftmals durch Gewerkschaften oder ähnliche Stellvertreter vertreten sind, durch Forderungen und Erwartungen die Organisation formen.

Durch eine erhöhte Beobachtungsfähigkeit für diese Umweltphänomene könne die vorherrschende Blindheit der Organisation, auch Change Blindness genannt, überkommen werden (Tiffert, 2016). An dieser Stelle könne SC ansetzen und unter MA „immer wieder für eine entsprechende Außenperspektive sorgen und durch Fokussierung der Aufmerksamkeit relevante Soll-Ist-Diskrepanzen in die Kommunikation bringen" (Tiffert, 2013, S. 398). Dies könne in Form eines SC so aussehen, dass der Coach zirkuläre Fragen stellt (Kaiser-Nolden, 2010). Konkrete Beispiele dafür sind in Tabelle 2.5 zu finden. Außerdem sei es hilfreich, an der Interpretation der Umweltbedingungen zu arbeiten, da diese oftmals sehr von der FK geprägt seien. Als methodische Intervention könnten Systemische Coaches hier „die für die Organisation typischen Wahrnehmungsmuster von Umweltereignissen hinterfragen" (Eichler, 2011, S. 27). Diese Techniken helfen der FK dabei, besser zu evaluieren, ob und welche Veränderungen im Unternehmen vorgenommen werden

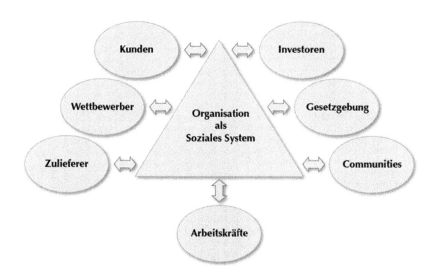

Abbildung 2.4   Sieben Kontexte von Organisationen (Kaiser-Nolden, 2010, S. 247)

müssen (Eichler, 2011). FKs sollten den „Suchraum für den künftigen Systemzustand" (Kaiser-Nolden, 2010) nutzen. Dazu könnten in einem Coaching mit FKs die sechs Ordnungskräfte einer Organisation[15] untersucht werden (Kaiser-Nolden, 2010). Ein weiterer Ansatzpunkt von SC in Veränderungsprozessen sei, dass die internen Prozesse der MA mit ihren Beobachtungen, Deutungen, Emotionen, Bewältigungsstrategien und Bewertungen für den Veränderungsprozess nutzbar gemacht werden (Kaiser-Nolden, 2010). Durch gezielte Fragetechniken (Tabelle 2.5) können diese internen Prozesse verbalisiert werden, wodurch sich Organisationsmitglieder gegenseitig anregen. Somit würde der „Suchraum der Organisation" erweitert (Kaiser-Nolden, 2010, S. 254). In einem Coaching zur Unterstützung zum Finden von Veränderungsinitiativen sei es außerdem von absoluter Relevanz, dass die Beauftragung des Coaches nicht vom Unternehmen mit einem gewünschtem Change-Ergebnis erfolgt (Eichler, 2011), sondern der Impuls aus den MA entstehen müsse (Kaiser-Nolden, 2010). In Tabelle 2.5 werden die Kernaussagen dieses Kapitels zusammengefasst, sowie dazugehörige Interventionsbeispiele vorgestellt.

---

[15] Die sechs Ordnungskräfte der Organisation: Ziele, Prozess, Struktur, Rollen, Kultur, Referenzrahmen (Kaiser-Nolden, 2010).

Tabelle 2.5 Forschungsstand der Coaching-Interventionen zur Findung von Veränderungspotentialen. (eigene Darstellung)

Innovative Kultur fördern und Veränderungsinitiativen finden

Ziel	Gegenstand des Coachings	Systemische Interventionen (Beispiele)	Zielgruppe des Coachings
Dynamic Capabilities fördern	– Kritische Reflexion über das Problemlösungsverhalten und Haltungen des Coachee, sowie konstruierte Realitäten und Handlungsmuster – Leistungs- und Motivationsblockaden auflösen (Gross, 2016)	Keine konkrete Intervention vorgeschlagen	Führungskräfte als Change-Initiatoren
Veränderungsinitiativen finden	– Sieben Kontexte der Organisation (Kunden, Wettbewerber, Investoren, Zulieferer, Gesetzgebung, Communities, Arbeitskräfte) untersuchen, um Change-Blindness zu überkommen (Kaiser-Nolden, 2010)	Systemische Fragetechniken: – „Angenommen, man wäre als Berater eigentlich beim wichtigsten Zulieferer unter Vertrag: Welchen Auftrag würde der formulieren? Wenn die drei wichtigsten Geldgeber mit am Tisch säßen, welche Erwartungen würden die benennen? Angenommen, das Thema hätte etwas mit den früheren, derzeitigen oder künftigen Mitarbeitern zu tun, worin könnte die Verbindung liegen?" (Kaiser-Nolden, 2010, S. 251)	Führungskräfte als Change-Initiatoren
Veränderungsinitiativen finden	– Interpretation und Wahrnehmungsmuster der Umweltbedingungen hinterfragen	Systemische Fragetechniken: „Können die Umweltereignisse auch anders interpretiert werden? Welche Annahmen leiten uns dabei?" (Eichler, 2011, S. 27)	Führungskräfte als Change-Initiatoren

(Fortsetzung)

Tabelle 2.5 (Fortsetzung)

Innovative Kultur fördern und Veränderungsinitiativen finden

Ziel	Gegenstand des Coachings	Systemische Interventionen (Beispiele)	Zielgruppe des Coachings
Chaos in der Organisation ordnen, richtige Veränderungs-initiativen finden	– Suchraum für den künftigen Systemzustand nutzen und die sechs Ordnungskräfte der Organisation (Ziele, Prozess, Struktur, Rollen, Kultur, Referenzrahmen) untersuchen (Kaiser-Nolden, 2010)	Systemische Fragetechniken: – „Welche Ziele hat der Veränderungsprozess? Wie soll der Prozess gestaltet werden, d. h. wer soll wann mit wem wozu interagieren? In welcher Struktur sollen welche Rollen im Rahmen der Veränderung zusammenarbeiten? Welche Aufgaben und Verantwortlichkeiten haben diese Rollen? Wenn ein Marsmännchen die Kultur dieser Veränderung beschreiben sollte, wie würde die Beschreibung ausfallen und wie wäre diese Kultur entstanden? Angenommen, es gäbe eine Geschichte (als Referenzrahmen), die es den Menschen in der Organisation besonders einfach machen würde, sich auf die Veränderungen einzustellen, wer würde diese erzählen und wovon würde die handeln?" (Kaiser-Noldern, 2010, S. 252)	Führungskräfte als Change-Initiatoren

(Fortsetzung)

Tabelle 2.5 (Fortsetzung)

Innovative Kultur fördern und Veränderungsinitiativen finden

Ziel	Gegenstand des Coachings	Systemische Interventionen (Beispiele)	Zielgruppe des Coachings
Chaos in der Organisationordnen, richtige Veränderungs-initiativen finden	– Interne Prozesse der Mitarbeitenden mit ihren Beobachtungen, Deutungen, Emotionen, Bewältigungsstrategien und Bewertungen für den Veränderungsprozess nutzbar machen – Gegenseitige Anregung der Organisationsmitglieder	– Timeline-Arbeit: Optionsvielfalt entlang einer zeitlichen Ordnung darstellen, um Abschiede oder Neubeginne zu markieren – Organisationsaufstellung nach Gemeinsamkeiten und Unterschieden, um das Choas der Organisation zu ordnen – Dissoziationstechnikenwie das Reflecting Team, Metaphernarbeit oder Beobachtungsaufträge: helfen Abstand zu gewinnen und eine zu festgefahrene Ordnung wieder aufzulösen (Kaiser-Nolden, 2010)	wechselnde Settings: Einzelcoachings der Führungskräfte, sowie Gruppencoachings und Plenumsarbeit, zim Beispiel anhand eine Fishbowl Übung

MA die Notwendigkeit des Wandels vermitteln
Zu Beginn eines Veränderungsprozesses sollten MA die Dringlichkeit des Wandels
verstehen (Kotter, 1996). Wenn MA diese Notwendigkeit nicht begreifen, reife dies
zu einer potentiellen Ursache für Widerstände heran (Abschnitt 2.3) und MA lehnen die Veränderung ab (Mitzlaff, 2010). Das Verständnis der MA gegenüber der
Notwendigkeit des Wandels könnte in einem Coaching durch einen Perspektivwechsel und zirkuläre Fragen, sowie Reframing-Techniken angeregt werden (Mitzlaff,
2010). Der Perspektivwechsel sorgt dafür, dass MA als Coachees ihre Umwelt und
sich selbst durch die Augen der Change-Initiatoren wahrnehmen, wodurch die Ein-
sicht der Veränderung zunehmen könnte. Ebenfalls würde durch zirkuläre Fragen
die Sicht „von außen" eingenommen und weitere Erkenntnisse über den Rahmen
der Veränderung gewonnen werden (Mitzlaff, 2010). Durch Reframing-Techniken
werden Hintergründe hinterfragt, welche MA dazu bewegen, die Notwendigkeit
nicht anzuerkennen und am Ist-Zustand festhalten zu wollen. Beispiele der genannten Interventionen, sowie eine Zusammenfassung der Kernaussagen dieses Kapitels
sind in Tabelle 2.6 zu finden.

Führungskräfte in ihrer Veränderungsrolle stärken
Coaching als Teil von CM soll FKs unterstützen, ihre persönlichen Ressourcen
weiterzuentwickeln, um somit negative Effekte der Veränderung, welche sich auf
das Wohlbefinden ausüben könnten, abzuschwächen (Bickerich & Michel, 2016). In
Veränderungsprozessen nehmen FKs gerade als Change-Initiatoren eine anspruchs-
volle Rolle ein (Bickerich & Michel, 2016), denn sie führen die MA als Guiding
Team (Kotter, 1996) durch die Veränderung. Dabei ist es Voraussetzung, dass die
FK gänzlich hinter der geplanten Veränderung steht und den MA somit Vertrauen
vermitteln kann. Dazu gilt es vorerst, die Rolle der FK im System zu reflektieren und
zu erörtern, ob diese sich überhaupt verändern möchte und kann, sowie ob „resul-
tierende Veränderungskonsequenzen getragen und verantwortet werden können"
(Eichler, 2011, S. 26). Laut Tiffert (2013) komme es in Veränderungsprozessen
zwangsläufig zu Widerständen, was zu Unsicherheit der FK als Change-Initiator
führt. Mit dieser Unsicherheit können FKs oftmals nicht umgehen, da sie es gewohnt
sind, klare Lösungswege vorzugeben. Im Coaching sollte daher das Selbstvertrauen der FKs gestärkt werden, damit sie MA für den Wandel begeistern können
(Schumann, 2013). Wie in Abschnitt 2.3 herausgearbeitet, fehle es MA oftmals
an Vertrauen in die FK, woran Veränderungsprozesse potenziell scheitern. Um zu
erörtern, ob dies der Fall ist, könne in einem Coaching mit MA durch Skalierungsfragen das Vertrauen in die FK evaluiert werden und herausgearbeitet werden, wie
dies gesteigert werden kann (Thiel, 2009). Beispiele dafür sind in Tabelle 2.7 zu
finden, in welcher die Kernaussagen dieses Kapitels zusammengefasst werden.

Tabelle 2.6 Forschungsstand der Coaching-Interventionen zum Erwecken der Notwendigkeit. (eigene Darstellung)

Mitarbeitenden die Notwendigkeit des Wandels vermitteln

Ziel	Gegenstand des Coachings	Systemische Interventionen (Beispiele)	Zielgruppe des Coachings
Verständnis der Notwengigkeit anregen	Mitarbeitende sollen ihre Umwelt und sich selbst durch die Augen der Change-Initiatoren wahrnehmen, um die Einsicht der Veränderung zu steigern (Mitzlaff, 2010)	Perspektivwechsel: – Rollenspiel mit verschiedenen Personen – Coachee versetzt sich in die Lage des Change-Initiators und beschreibt die Umwelt (Mitzlaff, 2010)	Mitarbeitende (Betroffene des Wandels), insbesondere Widerständler
		Systemische Fragetechniken: – Zirkuläre Fragen: „Angenommen, Sie (als Person A) wären eine andere Person (B) in Ihrem Arbeitsfeld und Sie schauen auf sich (also Person A) und die anderen an der Veränderung Beteiligten aus der Vogelperspektive. Wie würden Sie die Kommunikation der handelnden Personen bewerten? Was würden Sie empfehlen?" (Mitzlaff, 2010)	
Verständnis der Notwengigkeit anregen	Hintergründe erfragen, weshalb Mitarbeitende die Notwendigkeit nicht anerkennen und am Ist-Zustand festhalten, gemeinsame Zielvorstellungen kreieren (Mitzlaff, 2010)	Reframing-Techniken: – „Gibt es irgendwelche positiven Aspekte dadurch, dass der Zustand so bleibt, wie er ist?" (Mitzlaff, 2010)	Mitarbeitende (Betroffene des Wandels), insbesondere Widerständler

Tabelle 2.7 Forschungsstand der Coaching-Interventionen zur Stärkung der Führungskräfte. (eigene Darstellung)

Führungskräfte in ihrer Veränderungsrolle stärken			
Ziel	**Gegenstand des Coachings**	**Systemische Interventionen (Beispiele)**	**Zielgruppe des Coachings**
FK soll hinter den Veränderungen stehen, um Mitarbeitenden Vertrauen vermitteln zu können	Rolle der FK im System ermitteln und erfragen, ob diese sich verändern möchte und kann (Eichler, 2011)	Systemische Fragetechniken: Ziel-, Verhaltens-, Skalen-, Dissoziations-, hypothetische oderparadoxe Fragen keine konkreten Beispiele (Eichler, 2011)	Führungskräfte als Change-Initiatoren
Ressourcen der FK stärken	Selbstvertrauen der FK stärken und Unsicherheit überwinden, damit diese Mitarbeitende für den Wandel begeistern kann (Schumann, 2013)	Keine konkrete Intervention vorgeschlagen	Führungskräfte als Change-Initiatoren
FK als Change-Initiator bewerten	Vertrauen der Mitarbeitenden in die FK evaluieren und steigern (Thiel, 2009)	Skalierungsfragen: – „Wenn Sie (Mitarbeitende) das Vertrauen in die Führungskraft von 0 bis 10 einschätzen (wobei 0 die totale Unzufriedenheit und 10 die volle Zufriedenheit darstellt) – wo/auf welchem Skalenpunkt befinden Sie sich zurzeit?" – Nach Sammlung der Statements: „Was müsste geschehen, damit beide einen Skalenpunkt weiter kommen? (Thiel, 2009, S. 246)	Mitarbeitende (Betroffene des Wandels) in Gruppen- oder Einzelcoachings

Vision des Wandels trotz Interessensunterschieden entwickeln

Zur erfolgreichen Umsetzung eines Veränderungsprozesses ist es eminent, dass eine Vision erarbeitet und für alle MA verständlich kommuniziert wird. Nur wenn definierte Ziele mit der Organisationskultur mit Normen und Werten der Organisation kongruent sind, sei eine Veränderung herbeizuführen (Eichler, 2011). In einem Coaching der Change-Initiatoren solle demnach eruiert werden, welche Normen und Werte in der Organisation gelebt werden, um zu evaluieren, ob die Vision damit im Einklang steht (Eichler, 2011). In Tabelle 2.8 werden dafür SI vorgestellt. Um eine Vision innerhalb eines Coachings zu erarbeiten, gilt es vorerst, eine Bestandsaufnahme der Situation vorzunehmen und Stärken der Organisation oder des Teams hervorzuheben, die im Veränderungsprozess genutzt werden könnten, sowie vorhandene positive Aspekte zu wertschätzen. In einem Coaching der FKs als Guiding-Team (Kotter, 1996) könnte die Vision durch in Tabelle 2.8 dargestellte Systemische Fragetechniken erarbeitet werden (Eichler, 2011). Zur besseren Evaluation und Findung von Zielen können „Aspekte des Inputs" (Eichler, 2011, S. 28) betrachtet werden. Es gilt also zu hinterfragen, ob zur Zielerreichung die passenden Ressourcen vorhanden sind. Wie in Abschnitt 2.3 dargestellt, existieren bei der Erarbeitung von Zielen des Wandels oftmals unterschiedliche Zielvorstellungen beteiligter Parteien. Ebenso sei es möglich, dass MA den Sinn der kommunizierten Vision nicht verstehen, da diese im Konflikt mit ihren eigenen Interessen stehe (Thiel, 2009). Laut Thiel (2009) könnten hier in einem Gruppencoaching durch eine System-Strukturzeichnung und Systemische Fragetechniken gemeinsame Wünsche und Interessen als Attraktor herausgearbeitet werden. Durch unzureichende Kommunikation der ausgearbeiteten Vision einer Veränderung, entstehe oftmals kein einheitliches Verständnis dieser Vision und MA verhalten sich folglich inkongruent (Kaiser-Nolden, 2010). In einem Coaching sollte daher eine bessere Interaktion und Kommunikation erarbeitet werden (Kaiser-Nolden, 2010). Jedoch fehlen an dieser Stelle konkrete Vorschläge der Gestaltung eines solchen Coachings. Zusammenfassend werden in Tabelle 2.8 die Kernaussagen des Kapitels und dazugehörige Coaching-Interventionen dargestellt.

Tabelle 2.8 Forschungsstand der Coaching-Interventionen zur Findung der Vision. (eigene Darstellung)

Ziele und Vision des Wandels finden und Interessenskonflikte lösen

Ziel	Gegenstand des Coachings	Systemische Interventionen (Beispiele)	Zielgruppe des Coachings
Ziele des Wandels finden	Eruierung der Normen und Werte, welche in der Organisation gelebt werden, um diese mit potentiellen Zielen abzustimmen(Eichler, 2011)	– Systemische Fragetechniken, insbesondere Lösungs- und Ressourcenorientierte Fragen, um neue Ziele zu erarbeiten – Arbeit mit Metaphern um unbewusste Werte sichtbar zu machen(Eichler, 2011)	Führungskräfte als Change-Initiatoren
Vision entwickeln	– Stärken der Organisation herausarbeiten, die genutzt werden können(Eichler, 2011)	Systemische Fragetechniken: – „Entdecken und Verstehen: Was funktioniert aktuell gut, was wollen wir bewahren?" – Zukunft erträumen: „Wie sähe es aus, wenn die Veränderung ideal abläuft?" – Verwirklichen: „Was können wir hier und jetzt tun, um die Veränderung möglich zu machen?" – „Wenn wir uns trauen würden zu träumen, welche neuen Ziele würden wir uns setzen?" – „Mit welchen Prozessen würde der Arbeit zum Vergnügen?" – „Wer würde mit wem wie und worüber sprechen, mailen, telefonieren, tagen?" – „Welche Aufgaben würde ich mir suchen, wofür wäre ich gerne verantwortlich, wenn ich frei wählen könnte?" – „Und was würde eine Videosequenz unserer künftigen Unternehmenskultur zeigen, wenn wir dazu unseren Lieblingsfilm drehen könnten?"(Kaiser-Nolden, 2010, S. 253)	Führungskräfte als Change-Initiatoren oder potentiell mit Einbindung mehrere Mitarbeitenden in Gruppen- oder Einzelcoachings

(Fortsetzung)

Tabelle 2.8 (Fortsetzung)

Ziele und Vision des Wandels finden und Interessenskonflikte lösen

Ziel	Gegenstand des Coachings	Systemische Interventionen (Beispiele)	Zielgruppe des Coachings
Ziele und Vision evaluieren	Hinterfragen der zur Zielerreichung vorhandenen Ressourcen (Schumann, 2013)	Systemische Fragetechniken – "Verfügen wir im Unternehmen über die erforderlichen Kompetenzen, um die gesteckten Ziele verfolgen zu können?Welche Ressourcen wären für ein optimales Ergebnis nötig?" (Eichler, 2011, S. 28)	Führungskräfte als Change-Initiatoren
Interessenskonflikte über Ziele lösen	Wünsche und Interessen der Parteien herausarbeiten und gemeinsame Attraktoren finden (Eichler, 2011)	– System-Strukturzeichnung – Systemische Fragetechniken: „Wie wünschen Sie sich die Situatin?" (Thiel, 2009, S. 245)	Führungskräfte als Change-Initiatoren

Emotionen und Bedürfnisse der MA bearbeiten

Laut Kaiser-Nolden (2010) beobachten MA vorerst das Geschehen in der Organisation und deuten dieses. Durch diese Deutungen, welche sich als innere Prozesse verstehen, bilden sich Verhaltens- und Interaktionsweisen der MA. Somit entscheidet sich zum ersten Mal, ob MA ein Veränderungsvorhaben boykottieren oder unterstützen. Diese internen Prozesse der MA finden parallel zu jedem Veränderungsvorhaben statt und können Bestandteil eines SC werden (Mitzlaff, 2010). Veränderungsvorhaben durchlaufen demnach verschiedene Phasen, in welchen MA verschiedene Bedürfnisse, Ängste und Motive hegen. Mitzlaff (2010) thematisiert in seinem Fachartikel, wie Coaching Veränderungsprozesse unterstützen kann. Als Voraussetzung dafür gilt es zu identifizieren, welche MA, sowie FKs als Change-Initiatoren von den Veränderungen betroffen sind. Als Change-Initiator sei es eminent, emotionale Reaktionen, Ängste der MA und Interessenskonflikte zu kennen, um MA für die Veränderung zu begeistern (Gilbert, 2016). Oftmals fiele es MA jedoch selbst schwer, diese Bedürfnisse zu verbalisieren, da sie unterbewusst innerlich verankert sind. In einem SC könne dies mit der Übung des „Inneren Teams" oder Reframing-Techniken erarbeitet werden (Mitzlaff, 2010). Um bestehende Ängste der MA letztlich zu überkommen, könnten verschiedene SI eingesetzt werden. Mitzlaff (2010) beschreibt, dass besonders bei Verlustängsten die Übung der „Stabilen Zonen" hilfreich sei, um zu erkunden, welche Aspekte im Arbeitsalltag für die MA wichtig seien und erhalten bleiben sollen. Ebenso können lösungsorientierte Fragen helfen, den Fokus verstärkt auf Ressourcen des Zielzustandes zu legen, anstatt auf bestehende Probleme (Mitzlaff, 2010). Zusätzlich können durch Ausnahmefragen Ideen zur Auflösung der Verlustängste angeregt werden. An dieser Stelle sei als Coach zu beachten, dass die Aufforderung zur Formulierung von Zukunftswünschen der MA nicht zu rapide geschehen sollte. Es bestehe die Gefahr, dass MA das Gefühl vermittelt würde, ihre Emotionen und Interessenslagen würden nicht ernst genommen werden und der Coach vertrete die Interessen der Change-Initiatoren (Mitzlaff, 2010). Die genannten Interventionen und deren Zielsetzung werden in Tabelle 2.9 übersichtlich dargestellt und mit Interventionsbeispielen angereichert.

Tabelle 2.9 Forschungsstand der Coaching-Interventionen für die Berücksichtigung emotionaler Reaktionen. (eigene Darstellung)

Ängste und Bedürfnisse der Mitarbeitenden bearbeiten

Ziel	Gegenstand des Coachings	Systemische Interventionen (Beispiele)	Zielgruppe des Coachings
Bedürfnisse und Ängste verbalisieren	Mitarbeitenden helfen, ihre unterbewussten Bedürfnisse zu erkunden	Übung des Inneren Teams – die positiven und negativen Stimmen im Innenleben des Coachees identifizieren – hierzu nimmt der Coach mit dem Coachee zunächst die vielen inneren Stimmen auf – im zweiten Schritt agiert der Coachee in einem Rollenspiel jeweils als eine der benannten Stimmen in der Ich-Perspektive und reflektiert dies anschließend von einer Metaposition aus Dieses Rollenspiel ermöglicht es dem Coachee, die Unterschiede der eigenen Motive zur Veränderung in sich wahrzunehmen und einen Ausgleich zwischen diesen zu erzeugen.(Mitzlaff, 2010)	Mitarbeitende (Betroffene des Wandels), insbesondere Widerständler
Bedürfnisse und Ängste verbalisieren	Erkunden, wieso der Mitarbeitende die Veränderung nicht unterstützen möchte	Reframing-Techniken: – „Gibt es irgendwelche positiven Aspekte dadurch, dass die Veränderung nicht umgesetzt wird?" (Mitzlaff, 2010)	Mitarbeitende (Betroffene des Wandels), insbesondere Widerständler

(Fortsetzung)

Tabelle 2.9 (Fortsetzung)

Ängste und Bedürfnisse der Mitarbeitenden bearbeiten			
Ziel	Gegenstand des Coachings	Systemische Interventionen (Beispiele)	Zielgruppe des Coachings
Bedürfnisse und Ängste verbalisieren	Erkunden, welche Aspekte des Arbeitsalltages den Mitarbeitenden wichtig sind und erhalten bleiben sollen	Stablie - Zonen - Übung: – gemeinsam herausarbeiten, welche stabile Zonen der Coachee hat und welche positive Wirkung diese auf die eigene Arbeit haben(Mitzlaff, 2010)	Mitarbeitende (Betroffene des Wandels), insbesondere Widerständler
Bedürfnisse und Ängste verbalisieren	– Bearbeitung von Verlustängsten und Ideen zu dessen Auflösung schaffen – Verstehen, welche Arbeitsbereiche und -beziehungen von den negativen Aspekten der Veränderung betroffen sind – Erkunden, wie der Veränderungszustand optimaler Weise für den Mitarbeitenden aussieht	Systemische Fragetechniken: Ausnahmefragen– – „Wann wären die Ängste nicht vorhanden oder nicht so stark ausgeprägt?" – „Was ist dann anders?"Lösungsorientierte Fragen – „Wie sähe der für Sie optimale Zustand der Zukunft aus?"–„Wie kann die Motivation zur Zielerreichung gestärkt werden?" – „Was ist in diesem optimalen Zustand anders als jetzt?" (Mitzlaff, 2010)	Mitarbeitende (Betroffene des Wandels), insbesondere Widerständler

Reflexion des Veränderungsprozesses und Erfolge anerkennen
Gegen Ende eines Veränderungsprozesses sollten durchgeführte Veränderungen gefestigt werden, sowie zu weiteren Veränderungsimpulsen angeregt werden. Dabei gilt es, das Positive aus dem bisherigen Prozess anzuerkennen und aus Herausforderungen zu lernen (Mitzlaff, 2010). Laut Kotter (1996) sei es wichtig, bereits erzielte Erfolge der laufenden Veränderung anzuerkennen. Durch SC sei es möglich, den Veränderungsprozess zusätzlich zu stabilisieren und bereits gut funktionierende Verhaltensmuster zu identifizieren (Kaiser-Nolden, 2010). Dies könne in einem Einzelcoaching mit der FK, aber auch in einem Gruppencoaching mit einem Team geschehen. Dafür eignen sich besonders ressourcenorientierte Fragen, mit welchen der Coachee den Veränderungsprozess reflektiert, sowie die „Lessons-Learned-Übung" oder „Timeline-Übung" (Mitzlaff, 2010). Diese Interventionsmöglichkeiten und dazugehörige Beispiele werden in Tabelle 2.10 zusammengefasst dargestellt.

Einbezug der MA fördern und neue Veränderungen stimulieren
Übergreifend für Veränderungsprozesse gilt es, Möglichkeiten zu erkunden, mit welchen MA den Veränderungsprozess mitgestalten können (Thiel, 2009). Ein Coach kann zu diesem Zeitpunkt die Kreativität anregen, sowie zu neuen Handlungs- und Lösungsmöglichkeiten der MA stimulieren, welche den Prozess bereichern können. Dazu eignen sich laut Mitzlaff (2010) Fragetechniken, insbesondere die Wunderfrage. Laut Mintzberg (1989) würden durch die Einbindung der MA in Lösungsfindungen lernförderliche Strukturen geschaffen, welche eine innovativere Organisationskultur stimulieren. Dabei sei allerdings auch die Rolle der FK gefragt. In einem Coaching mit der FK könnte erarbeitet werden, zu welchem Grad Mitbestimmung der MA gewünscht ist, sowie in welchem Rahmen sie begrenzt werden, um Chaos durch eine zu hohe Einbindung der MA zu vermeiden (Eichler, 2011). In Tabelle 2.11 werden die in diesem Kapitel dargestellten Coaching-Möglichkeiten und dazugehörige Interventionen zusammengefasst.

Zusammenfassende Betrachtung des Forschungsstandes
Resümierend haben sich nur wenige Autoren und Forscher bereits mit systemischen Ansätzen im CM beschäftigt, weshalb die vorhandenen Untersuchungen noch an der Oberfläche kratzen. Bei der Betrachtung des aktuellen Forschungsstandes ist festzustellen, „dass sowohl im deutschsprachigen als auch im anglo-amerikanischen Raum die empirische Forschung eine Lücke aufweist" (Bickerich & Michel, 2016, S. 271). Obwohl Studien belegen, dass Coaching den Umgang mit organisationalen Veränderungen verbessern kann, liege über genaue Interventionsmethoden und dessen Wirkungen kaum Evidenz vor (Bickerich & Michel, 2016). Deshalb gebe es bislang keine allgemeingültigen Empfehlungen für Coaching-Interventionen als Teil

Tabelle 2.10 Forschungsstand der Coaching-Interventionen für das Anerkennen von Erfolgen. (eigene Darstellung)

Reflexion des Veränderungsprozesses und Erfolge anerkennen

Ziel	Gegenstand des Coachings	Systemische Interventionen (Beispiele)	Zielgruppe des Coachings
Erfolge der laufenden Veränderung anerkennen	Gut funktionierende Verhaltensmuster identifizieren	Systemische Fragetechniken: Ressourcenorientierte Fragen (Mitzlaff, 2010) Lessons-Learned-Übung: – Die Aspekte „Lernanlass", „Lernerfahrung" und „Empfehlung für die Zukunft" werden vom Coachee oder den Coachees beschrieben und dann gemeinsam mit dem Coach reflektiert (Mitzlaff, 2010) Timeline-Übung: – Coach führt den Coachee oder die Coachees auf einem Zeitstrahl durch den gesamten Veränderungsablauf – Geeignete Zeitabstände wählend, schätzt der Coachee seinen Zustand vor der Veränderung, währenddessen und nach abgeschlossener Veränderung ein – Durch geeignete Fragen (Ressourcenorientierte Fragen) vom Coach gelingt es, Ressourcen und Fähigkeiten, die dem Klienten im Zeitablauf geholfen haben, zu dokumentieren und für die Zukunft nutzbar zu machen (Mitzlaff, 2010)	Einzelcoaching FK oder Gruppencoaching mit Team

Tabelle 2.11 Forschungsstand der Coaching-Interventionen zum Antreiben von Veränderungen mit Einbezug der MA. (eigene Darstellung)

Einbezug der Mitarbeitenden fördern

Ziel	Gegenstand des Coachings	Systemische Interventionen (Beispiele)	Zielgruppe des Coachings
Möglichkeiten erkunden, wie Mitarbeitende den Veränderungs-prozess mitgestalten können	Neue Handlungs- und Lösungsmöglichkeiten der Mitarbeitenden stimulieren, Kreativität anregen	Systemische Fragetechniken: Wunderfrage– – Coachee in eine Perspektive der erfolgreichen Veränderung bringen – dem Coachee vom Coach suggeriert, dass er eines Morgens aufwacht und die Veränderung ideal vollzogen ist – anschließend wird der Coachee durch geeignete Fragen gebeten, den Idealzustand aus seiner Sicht zu beschreiben Mögliche Vertiefung durch geeignete Skalenfragen – Hierbei schätzt der Coachee die Auswirkungen der Veränderung auf einer Skala von 0 bis 10 ein und wird dann vom Coach motiviert, nach Handlungsalternativen zu suchen, die ihn letztendlich in den Idealzustand der Veränderung bringen (maximale Punktzahl auf der Skala) (Mitzlaff, 2010)	Mitarbeitende, sowie FKs in Einzel- oder Gruppencoachings
Ausgestaltung lernförderlicher Strukturen	Erkunden, in wie weit Mitarbeiter frei arbeiten oder kontrolliert werden sollen, um lernförderliche Strukturen zu erhalten	Keine systemischen Interventionen vorgeschlagen	Führungskräfte als Change-Initiatoren

von CM. Die in diesem Kapitel gesammelten Interventionsmöglichkeiten kommen in der Fachliteratur lediglich als Einzelnennungen weniger Autoren vor und wurden noch nicht wissenschaftlich fundiert. Außerdem liegt ein starker Fokus bislang auf dem Finden von Veränderungsimpulsen und dem Schaffen einer Veränderungskultur. Tiffert (2013) empfiehlt, in weiterführender Forschung Ideen zur Gestaltung von Veränderungsprozessen mit SC zu skizzieren. In den bisherigen Untersuchungen wurde die Interventionsebene noch nicht weitreichend beleuchtet und oftmals keine Vorschläge gemacht, welche genauen SI an welcher Stelle des Veränderungsprozesses sinnvoll sind. Darüber hinaus ist eine ganzheitliche Betrachtung von CM und geeigneten SI, sowie der direkte Bezug zu denen in Abschnitt 2.3 identifizierten Herausforderungen bislang nicht zu finden.

2.7 Forschungsziel und Ableitung der Forschungsfragen

Das Forschungsziel ist es, die Haupt-Forschungsfrage zu beantworten, inwieweit und mit welchen Interventionen SC Veränderungsprozesse unterstützen kann, um diese erfolgreicher anzustoßen und zu gestalten. Die erfolgreiche Gestaltung kennzeichnet sich dadurch, dass die in Abschnitt 2.3 dargestellten Herausforderungen überwunden werden können. Die Thesis hebt sich von dem bisherigen Forschungsstand ab, indem konkrete SI für verschiedene Stufen des CM nach Kotter (1996) und dort vorherrschende Herausforderungen (Abschnitt 2.3) empfohlen werden sollen. Um diese Empfehlungen empirisch zu untermauern, werden aus dem aktuellen Forschungsstand konkrete Forschungsfragen (F) abgeleitet. Diese wurden von der Autorin theoriefundiert formuliert und knüpfen demnach an die in Abschnitt 2.3 identifizierten Herausforderungen eines Veränderungsprozesses an.

F1: Inwieweit und mit welchen Interventionen kann SC unterstützen, unternehmensweit ein Verständnis für die Dringlichkeit des Wandels zu erzeugen?

F2: Inwieweit und mit welchen Interventionen kann SC dazu beitragen, die FK zu stärken, um das Vertrauen in sie zu erhöhen?

F3: Inwieweit und mit welchen Interventionen kann SC helfen, eine gemeinsame Vision trotz unterschiedlicher Interessen und Ziele zu erarbeiten und die MA-Identifikation damit zu steigern?

F4: Inwieweit und mit welchen Interventionen kann SC helfen, die Ängste und Bedürfnisse der MA zu erkennen und zu berücksichtigen?

F5: Inwieweit und mit welchen Interventionen kann SC dazu beitragen, förderliche Ressourcen und Verhaltensmuster zu identifizieren?

F6: Inwieweit und mit welchen Interventionen kann SC dazu beitragen, Veränderungsinitiativen und Lösungen mit Einbezug der MA zu finden?

Es ist zu vermerken, dass die Forschungsfragen stets die indirekte Frage implizieren, welche Zielgruppe mit Coaching-Interventionen für dieses Ziel angesprochen werden kann, weshalb dies nicht als gesonderte Forschungsfrage aufgenommen wird, jedoch in den abschließenden Ergebnissen und der Diskussion Berücksichtigung findet.

Methode

3

Dieses Kapitel beschreibt das methodische Vorgehen und erläutert somit das empirische Forschungsdesign, die Datenauswahl inklusive der Stichprobe, die Datenerhebung und -auswertung, sowie die berücksichtigten Gütekriterien. Es ist eingangs bereits zu erwähnen, dass es sich um eine qualitativ-explorative empirische Untersuchung handelt.[1]

3.1 Untersuchungsdesign: Qualitative empirische Forschung

Der empirische Teil dieser Arbeit beabsichtigt, die Forschungsfragen anhand eines qualitativen Forschungsdesigns zu beantworten, um bestehende theoretische Erkenntnisse zu erweitern. Laut Döring und Bortz (2016) versuche der qualitative Forschungsansatz offene Fragen zu beantworten und laufe auf eine Theoriebildung hinaus, wie es auch in der vorliegenden Thesis der Fall ist. Es wird darauf abgezielt, neue Erkenntnisse zu entdecken, anstatt Vorannahmen in Form von Hypothesen zu prüfen (Brüsemeister, 2008). Auch wenn bereits ansatzweise theoretische Erkenntnisse im Zusammenhang der Haupt-Forschungsfrage erlangt werden konnten, ist diese theoretische Fundierung noch nicht ausgereift. Deshalb gilt es, diese Ansätze um neue Entdeckungen zu erweitern. Es handelt sich bei der

---

[1] Die Textpassage stammt aus dem Exposé der Autorin. Diese wurde im Rahmen der vorliegenden Forschungsarbeit entwickelt.

Ergänzende Information Die elektronische Version dieses Kapitels enthält Zusatzmaterial, auf das über folgenden Link zugegriffen werden kann https://doi.org/10.1007/978-3-658-39127-0_3.

geplanten Thesis um eine Grundlagenforschung, welche zu einem Erkenntnisfort-
schritt beitragen soll. Dabei werden zwar praktische Konsequenzen diskutiert und
eine Praxisanwendung angestrebt, allerdings steht die Erschaffung eines Theorie-
modells in Form von Handlungsempfehlungen im Vordergrund. Es werden von
der Forscherin eigene Daten primär erhoben, weshalb es sich um eine empirische
Originalstudie handelt. Da offene Forschungsfragen beantwortet werden sollen,
sowie Theorien weiterentwickelt und gebildet werden, ist das Erkenntnisinteresse
eine explorative Studie (Döring & Bortz, 2016), welche als qualitative Feldstudie durchgeführt wird. Dabei werden die befragten Personen in ihrem typischen
beruflichen Umfeld interviewt (Döring & Bortz, 2016). Es handelt sich außerdem
um eine Querschnittstudie, da die Stichprobe nur zu einem Messzeitpunkt untersucht wird. Es wird eine bewusste Stichprobe untersucht, welche vorher anhand
von Einschlusskriterien (Abschnitt 3.2) näher definiert wird.[2] Für die Autorin
ist es von Bedeutung, durch detaillierte Fragen, tiefe Einblicke in systemische
Coaching-Interventionen und deren Wirkung zu erhalten, um so herauszufinden,
mit welchen SI die in Abschnitt 2.3 identifizierten Herausforderungen bearbeitet
werden können. Es geht dementsprechend um das Verstehen und Beschreiben des
Materials (Mayring, 2015). Dabei wird nach Mayrings (2015) inhaltsanalytischem
Ablaufmodell vorgegangen, welches nachfolgend erläutert wird.

Der erste Schritt des Ablaufmodells (Mayring, 2015), welches in Abbildung 3.1 dargestellt ist, besagt, dass innerhalb der Festlegung des Materials die
Grundgesamtheit definiert werden müsse. In der vorliegenden Thesis umfasst dies
die interviewten Personen, welche Systemische Coaches sind. Es solle ebenso
festgelegt werden, wie viele Personen interviewt werden sollen, damit es zum
einen zu einer repräsentativen Aussage der Ergebnisse kommen kann, zum anderen jedoch der Umfang der Ergebnisse in einem dazu angemessenen Verhältnis
stehe. Nach welchem Modell die IP ausgewählt werden, wird in Abschnitt 3.2
genauer erläutert. Die Analyse der Entstehungssituation beschreibt, dass erläutert wird „von wem und unter welchen Bedingungen das Material produziert
wurde" (Mayring, 2015, S. 55). In der vorliegenden Arbeit wurden die Interviewten per Telefongespräch von der Autorin befragt. Diese Gespräche werden
anhand eines leitfaden-gestützten Interviews geführt, auf welche in Abschnitt 3.3
näher eingegangen wird. Die formalen Charakteristika beschreiben die Form, in
welcher das Material vorliegt. Dazu werden die Interviews in Form einer Sprach-
aufzeichnung mit dem Smartphone aufgenommen, welcher die IP im Vorhinein
zugestimmt haben. Diese Tonaufnahme wird anhand von Transkriptionsregeln

---

[2] Die Textpassage stammt aus dem Exposé der Autorin. Diese wurde im Rahmen der vorliegenden Forschungsarbeit entwickelt.

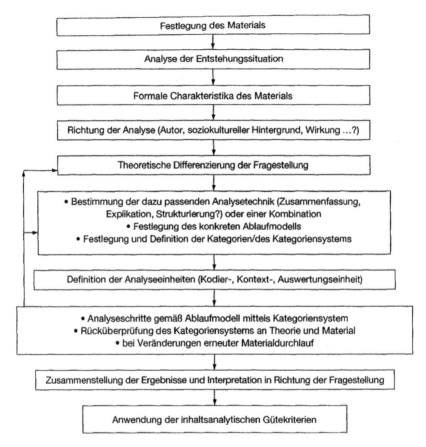

Abbildung 3.1 Inhaltsanalytisches Ablaufmodell (Mayring, 2015, S. 62)

nach Kaiser (2021), welche in Anhang 3 im elektronischen Zusatzmaterial fest-
gehalten werden, verschriftlicht. Um der Analyse eine Richtung zu geben, sollten
die Forschungsfragen näher betrachtet werden (Abschnitt 2.7). In der Inhaltsangabe nach Mayring (2015) wird zwischen drei Grundformen des Interpretierens
unterschieden. Es gebe die Analysetechniken der Zusammenfassung, Explikation
und Strukturierung. Die für die vorliegende Arbeit und definierten Forschungsfragen geeignete Technik ist die Zusammenfassung, bei welcher „das Material so
reduziert wird, dass die wesentlichen Inhalte erhalten bleiben, durch Abstraktion

einen überschaubaren Corpus zu schaffen, der immer noch Abbild des Grundma-
terials ist" (Mayring, 2015, S. 67). Somit verfolge die Analyse einen induktiven
Ansatz. Dabei werden aus dem Datenmaterial heraus induktiv Kategorien gebildet
(Mayring, 2015). Anschließend werden die Analyseeinheiten definiert, welche die
Kontext-, Kodier- und Auswertungseinheit umfasst, wobei jedes der Interviews
einer Auswertungseinheit entspricht. Die Kontexteinheit umfasst das gesamte
Material der jeweiligen Kodiereinheit. Dies bedeutet konkret, dass alle Ergebnisse
zu einer Kategorie die Kontexteinheit bilden. Darauf folgt die Analyse gemäß
des Ablaufmodells anhand des Kategoriesystems. Insgesamt wurden durch die
Autorin 24 Kategorien gebildet. Anschließend werden die Ergebnisse zusammen-
gestellt und in Richtung der Forschungsfragen interpretiert. Diese Schritte sind in
Kapitel 4 und 5 zu finden. Anschließend wird die Durchführung auf qualitative
Gütekriterien geprüft und deren Berücksichtigung. Dies wurde in Abschnitt 3.5
getan.

3.2   Datenauswahl: Stichprobe

Zur Beantwortung der Forschungsfragen werden leitfaden-gestützte Experteninterviews geführt. Die Auswahl der Interviewpartner/innen (IP) erfolgte dabei
anhand einer „bewussten Stichprobenziehung" (Mey & Mruck, 2010, S. 241).
Die Zuschreibung des Expertenstatus erfolgt laut Kaiser (2021) „immer durch
den Forscher selbst", weshalb es schwierig sei, eine einheitliche Definition eines
Experten zu finden. IP werden zu Experten, wenn sie über relevantes Wissen für
die Forschungsfragen verfügen (Kaiser, 2021). Da keine Generalisierung auf die
Grundgesamtheit angestrebt wird, besteht demnach keine Anforderung an eine
repräsentative Stichprobe. Die IP wurden nach „inhaltlichen Erwägungen ausge-
sucht" (Kaiser, 2021), womit der Expertenstatus für die vorliegende Thesis durch
die Forscherin erteilt wurde. Da ein „Erkenntnisgewinn im Bezug auf die Frage-
stellung" (Mey & Mruck, 2010, S. 241) angestrebt wird, wurde nach dem Prinzip
des Selektiven Samplings (Kaiser, 2021) ein Probandenplan mit Einschlusskriterien erstellt. Die Stichprobenerhebung erfolgte somit nach dem top-down
Verfahren, bei welchem vor Untersuchungsbeginn die Kriterien für die Stichprobe
festgelegt werden (Hussy, Schreier & Echterhoff, 2013). Um die Forschungsfragen beantworten zu können, sollten IP die nachfolgend beschriebenen Kriterien

erfüllen, damit ihre subjektiven Erfahrungen einen Erkenntnisgewinn ermöglichen.[3] Demnach wird durch die Forscherin allen Personen der Expertenstatus und somit die Stichprobeneignung zugeschrieben, welche folgende Kriterien erfüllen:

- Zertifizierter Ausbildungsabschluss zum Systemischen Coach
- Mindestens drei Jahre Berufserfahrung im Gebiet des Coachings

Das Kriterium der dreijährigen Berufserfahrung wird gesetzt, um ausreichende Erfahrungswerte sicherzustellen. Grundlage dessen ist die Definition von Juraforum (2021), welche besagt, dass mit langjähriger Berufserfahrung mindestens drei Jahre Praxiserfahrung gemeint sind, wodurch fachspezifische Kenntnisse und Erfahrungen vorausgesetzt werden können. Da besonderes Expertenwissen gefragt ist, um den Einsatz von SI im Hinblick auf Herausforderungen (Abschnitt 2.3) zu bewerten, ist die genannte Berufserfahrung von Relevanz. Um IP zu finden, hat die Verfasserin sich auf persönliche Kontakte berufen, welche sie wiederrum an weitere mögliche IP verwiesen haben. Außerdem wurden berufliche soziale Netzwerke[4] genutzt, um fremde Personen, welche die Einschlusskriterien erfüllen, anzuschreiben und um ein Interview zu bitten. Dieses Anschreiben ist in Anhang 1 im elektronischen Zusatzmaterial zu finden. Insgesamt wurden acht Personen befragt, von denen 6 weiblich und 2 männlich sind. Mit Abschluss des achten Interviews hat sich eine ausreichende Bandbreite an Erfahrungen und Empfehlungen der Experten ergeben und es wurden bei dem achten Interview keine einschlägigen neuen Erkenntnisse gewonnen. Somit wurde die Befragung mit dem achten Interview aufgrund einer Datensättigung beendet. Um Vertraulichkeit und Anonymität zu gewährleisten, sowie berufliche Nachteile der IP auszuschließen, werden die Namen der Befragten anonymisiert und von der Forscherin mit strengster Geheimhaltung behandelt.

---

[3] Die Textpassage stammt aus dem Exposé der Autorin. Diese wurde im Rahmen der vorliegenden Forschungsarbeit entwickelt.

[4] Dazu gehörten LinkedIn und Xing.

3.3 Untersuchungsdurchführung und Datenerhebung: Experteninterviews

Die Datenerhebung erfolgte anhand von halbstrukturierten Experteninterviews. Laut Lammek und Krell (2016) handle es sich bei einem Interview um eine bewusst hergestellte Gesprächssituation, bei welcher der Interviewer die Möglichkeit hat Fragen zu stellen, welche von dem IP beantwortet werden. Durch einen vorher definierten Interviewleitfaden kann „die Befragung mit dem klaren Ziel der Abfrage spezifischen Wissens, das zur Beantwortung einer bereits präzisen Forschungsfrage notwendig ist, erfolgen" (Kaiser, 2021, S. 57).[5] Die Interviews werden in Form von telefonischen Einzelinterviews durchgeführt, um Anonymität zu wahren und Hemmschwellen zu minimieren. Halbstrukturierte Interviews beinhalten ausformulierte Fragen, welche eine Struktur des Gesprächs vorgeben und eine Vergleichbarkeit zwischen den Interviews herstellen (Renner & Jacob, 2020). Während des Interviews sind allerdings Zwischenfragen möglich, auch ad-hoc Fragen genannt, um Aussagen genauer zu beleuchten (Renner & Jacob, 2020). Die Interviewfragen sind außerdem offen formuliert, sodass individuelle Antworten ermöglicht werden. Der Aufbau des Interviewleitfadens wird wie folgt strukturiert: Eingangs wird eine Frage zum beruflichen Werdegang gestellt. Diese Einführungsfrage dient dazu, „dem Gesprächspartner durch die Möglichkeit eines längeren Statements einen leichten Einstieg in die Interviewsituation zu geben" (Kaiser, 2021, S. 63). Für die spätere Datenauswertung ist diese Frage nicht relevant. Anhand der weiteren Interviewfragen sollen die vorher definierten Forschungsfragen (Abschnitt 2.7) beantwortet werden. Diese werden dem Befragten allerdings nicht direkt kommuniziert. Es sollen vielmehr Hintergründe verstanden und gezielte Einblicke gewährleistet werden, welche dann final von der Forscherin mit Einbezug der theoretischen Erkenntnisse interpretiert werden.[6] Der Interviewleitfaden, welcher die Interviews strukturiert, ist in Anhang 2 im elektronischen Zusatzmaterial zu finden und wurde theorie-basierend auf den Herausforderungen aus Abschnitt 2.3 erstellt. Nachdem in der ersten Kontaktaufnahme mit den IP bereits das Thema der Interviews kommuniziert wurde, wird

---

[5] Die Textpassage stammt aus dem Exposé der Autorin. Diese wurde im Rahmen der vorliegenden Forschungsarbeit entwickelt.

[6] Die Textpassage stammt aus dem Exposé der Autorin. Diese wurde im Rahmen der vorliegenden Forschungsarbeit entwickelt.

den Experten bereits der Interviewleitfaden nach Zustimmung zu einem Interview bereitgestellt. Da es um berufliches Fachwissen der Experten geht, können sich diese somit besser vorbereiten. In den Interviews der vorliegenden Forschung geht es nicht um Gefühlslagen und spontane Antworten, sondern um fachliches Wissen und Erfahrungswerte, weshalb eine Vorbereitung auf die Interviews sinnvoll ist (Kaiser, 2021). Außerdem ist es bedeutsam, dass die Verfasserin sich bereits vor der Durchführung der Interviews mit entsprechender Literatur und dem aktuell Forschungsstand zu Herausforderungen in Veränderungsprozessen, sowie SC in Veränderungsprozessen auseinandergesetzt hat, um eine differenziertere Herangehensweise zu ermöglichen (Buber & Holzmüller, 2007). Vor der Durchführung der Interviews fand ein Pretest statt, um die Verständlichkeit der Fragen, die Dauer des Interviews und die Gesamtwirkung zu überprüfen (Kaiser, 2021). Alle geführten Interviews dauerten zwischen 30–65 Minuten.

3.4   Datenauswertung: Transkription und Datenanalyse

Dieses Kapitel beschreibt, wie die erhobenen Daten ausgewertet wurden, sodass final die Forschungsfragen (Abschnitt 2.7) beantwortet werden können. Um die erhobenen Daten analysieren zu können, wurden die Interviews verschriftlicht. Um dies zu ermöglichen, wurden die Gespräche mithilfe eines Smartphones aufgezeichnet. Vor Beginn des Interviews haben die IP ihr Einverständnis über die Aufzeichnung und Nutzung der Interviewinhalte gegeben, welches der Autorin als Tonbanddatei vorliegt. Die Transkription der Audio-Dateien in eine Textform erfolgte mithilfe der Transkriptionssoftware *amberscript*, wobei manuell alle persönlichen Daten in der Transkription anonymisiert wurden.

Eine Transkription ist essentiell, denn „nur auf der Basis einer Transkription des aufgezeichneten Experteninterviews können wir eine vollständig regelgeleitete Inhaltsanalyse durchführen" (Kaiser, 2021, 71). Für diese Transkriptionen gelten die von Kaiser (2021) empfohlenen Verschriftungsregeln (Anhang 3). Alle Interviewtranskripte liegen in Anhang 6 im elektronischen Zusatzmaterial vor. Die Transkriptionen der Experteninterviews wurde anhand einer qualitativen Inhaltsanalyse nach Mayring (2003) ausgewertet. Dabei wurde das erhobene Material mittels einer Kodierung zusammengefasst (Mayring, 2003). Dies gelingt anhand der Bildung von Kategorien, welche sich auf die Forschungsfragen beziehen (Mayring, 2015).[7] In der Inhaltsangabe nach Mayring (2015) wird zwischen drei Grundformen des Interpretierens unterschieden: Es gibt die Analysetechniken der Zusammenfassung, Explikation und Strukturierung. Die für die vorliegende Arbeit und definierten Forschungsfragen geeignete Technik ist die Zusammenfassung, bei welcher „das Material so reduziert wird, dass die wesentlichen Inhalte erhalten bleiben, durch Abstraktion ein überschaubarer Corpus geschaffen wird, der immer noch Abbild des Grundmaterials ist" (Mayring, 2015, S. 67). Die vorliegende Forschung verfolgte somit ein induktives Vorgehen. Im Vordergrund steht dabei eine Theoriebildung, welche induktiv aus den Erkenntnissen der Datenerhebung gebildet wird (Mayring, 2003). Induktiv bedeutet, dass die Kategorien aus dem Material selbst entwickelt werden (Hussy et al., 2013). Somit sollen die gewählten Kategorien die wesentlichen Erkenntnisse der Datenerhebung darstellen, Kernaussagen zusammenfassen und eine vereinfachte Auswertung ermöglichen (Hussy et al., 2013). Diese induktive Vorgehensweise ist besonders sinnvoll, wenn es zu dem relevanten Thema keinen bereits ausgeprägten Forschungsstand gibt (Kaiser, 2021), so wie es bei der vorliegenden Arbeit der Fall ist. Auf eine deduktive Kategorienbildung aus theoretischen Erkenntnissen des Forschungsstandes heraus wird somit verzichtet. Dennoch werden die bisherig erlangten theoretischen Erkenntnisse in die finalen Handlungsempfehlungen einfließen und Berücksichtigung finden.

Zu Beginn der Analyse wurden die Interviews einmal ganzheitlich durchgearbeitet und auf den Qualitätsgehalt überprüft. Dabei wurden Textstellen identifiziert, welche keine Relevanz zur Beantwortung der Forschungsfragen haben. In dieser Durcharbeitung wurden bereits inhaltlich relevante Passagen markiert und einer oder mehreren Forschungsfragen zugeteilt. Dabei blieb der chronologische Kontext des Interviews zunächst bestehen (Kaiser, 2021). Nach dieser Einzelarbeit wurde diese Durcharbeitung mit einer Kommilitonin diskutiert und kritisch hinterfragt, sodass der Einfluss persönlicher Standpunkte der Forscherin minimiert werden konnte.

Im ersten Analyseschritt wurden relevante Textstellen aus dem chronologischen Kontext gelöst und Aussagen der Befragten zu den Forschungsfragen in einer Excel-Datei aufgeführt. Aus den 8 Interviews haben sich 190 relevante

---

[7] Die Textpassage stammt aus dem Exposé der Autorin. Diese wurde im Rahmen der vorliegenden Forschungsarbeit entwickelt.

Analyseeinheiten ergeben. Dabei ist explizit erkennbar, aus welchem Interview und aus welcher Zeile die Textstelle stammt. Im zweiten Schritt wurden diese Analyseeinheiten nun in Kernaussagen paraphrasiert, um Aussagen der Befragten von Überflüssigem zu bereinigen und auf ein einheitliches Sprachniveau zu bringen (Mayring, 2015). Dafür wurden die von Mayring (2008) vorgeschlagenen Regeln zum Paraphrasieren berücksichtigt. Im nächsten Schritt wurde das Abstraktionsniveau festgelegt (Mayring, 2015). Dazu wurden vorerst die inhaltsgleiche Paraphrasierungen gestrichen (Mayring, 2015). In einer zweiten Reduktion wurden die Paraphrasen generalisiert, was bedeutet, dass sie in Kernaussagen mit wenigen Stichpunkten zusammengefasst wurden (Mayring, 2015). Im darauffolgenden Schritt wurden Kategorien gebildet, wobei inhaltsähnliche Generalisierungen zu einer Kategorie zusammengefasst wurden (Mayring, 2015). Dieser Vorgang wurde so lange durchgeführt, bis sich keine neuen Kategorien mehr ergeben haben. Eine beispielhafte Darstellung dieses Vorgehens ist in Tabelle 3.1 zu finden.

Insgesamt haben sich aus dem Ausgangsmaterial durch dieses Vorgehen 24 Kategorien ergeben. Im Zuge einer Umsortierung auf Kategorie-Ebene wurden in einem zweiten Tabellenblatt die Kategorien mit den dazugehörigen Kernaussagen übersichtlich dargestellt. So konnten Kernaussagen aus allen Interviews miteinander verglichen, sowie der Gehalt der jeweiligen Kategorie gewichtet werden. In einem letzten Schritt der Rücküberprüfung wurden die Kategorien auf das Ausgangsmaterial zurückgeführt und damit abgeglichen, um zu überprüfen, ob das Kategoriensystem die Aussagen der Befragten angemessen wiederspiegelt (Mayring, 2015). Die vollstände Kodierung ist in Anhang 5 im elektronischen Zusatzmaterial zu finden. Die gebildeten Kategorien konnten nun unter Berücksichtigung der Forschungsfragen ausgewertet werden. Final sollen die aus der Datenerhebung identifizierten SI auf konkrete Phasen des CM Modell nach Kotter (1996) und dort vorherrschende Herausforderungen eingeordnet werden. Da IP losgelöst von diesem Kontext mögliche Coaching-Interventionen beschreiben, ist es die Aufgabe der Forscherin, diese in Kotters CM Modell und entsprechende Herausforderungen einzuordnen.

Tabelle 3.1 Beispielhafte Darstellung der Transformation der Interviewaussagen zu Kategorien. (Eigene Darstellung)

Interview	Zeile	Originalaussage	Kernaussagen	Generalisierung	Kategorie	Kategorie Nr.
2	42–46	Das heißt ich steuere, ich versuche mit ihm oder ihr herauszuarbeiten, mit wem sie oder er sprechen kann, wen sie adressieren kann, was sie an Informationen braucht, um hier mitgehen zu können. Besonders dieser Punkt der fehlenden Informationen. Erst einmal muss man herausfinden, welche Informationen denn von Nöten wären.	– Hauptproblem sind fehlende Informationen – Herausfinden, welche Informationen nötig sind und wer der richtige Ansprechpartner dafür wäre	Informationsfluss herstellen, um Notwendigkeit zu verstehen	Information und Kommunikation	3
5	30–35	Das zweite ist, wenn du das machst: Kann man so etwas eigentlich immer gut aufsetzen, indem du die Leute selbst mit darein baust in deine ganzen Systeme. Also wenn du das bestehende System nimmst, ein neues System gegenüber stellst und die Leute daran teilhaben lassen, also dieses gemeinsam erarbeiten lässt und das kann man super gut in Beratung und Coaching machen, das kannst du mit Aufstellungen machen	– Aufstellung mit Mitarbeitern, indem das alte und das neue System ergründet werden, um dann Vor- und Nachteile davon zu erarbeiten	Individuelle Vorteile der Veränderung durch Aufstellung ermitteln	Individuelle Vorteile der Mitarbeitenden	4

3.5 Gütekriterien

Aufgrund des „weichen Charakters muss die qualitative Forschung klar nachvollzogen werden und sich an Gütekriterien messen lassen" (Bretschart, 2010, S. 37). Zur Kontrolle der Forschung werden die Gütekriterien der qualitativen Forschung nach Mayring (2016) herangezogen. In Tabelle 3.2 werden diese Kriterien und deren Umsetzung in der vorliegenden Forschung dargestellt. Es ist zu notieren, dass Gütekriterien 1–3 vollends berücksichtigt wurden, Gütekriterien 4–6 teilweise berücksichtigt und Gütekriterium 5 nicht berücksichtigt werden konnte. Detaillierte Erläuterungen dazu liegen in Spalte

Tabelle 3.2 Gütekriterien qualitativer Forschung und deren Umsetzung. (Eigene Darstellung nach Mayring, 2016)

Gütekriterien Qualitativer Forschung (Mayring, 2016)	Umsetzung in der vorliegenden Arbeit
1. **Verfahrensdokumentation** Explizite Dokumentation des Verfahrens: Explikation der Vorverständnisse, des Analyseinstrumentes, sowie der Durchführung und Auswertung	– Detaillierte Darstellung des Verfahrens im vorliegenden Kapitel – Audioaufnahmen, sowie Transkriptionen der Interviews liegen vor – Kategoriensystem liegt als Excel-Datei vor
2. **Argumentative Interpretationsabsicherung** Interpretationen argumentativ begründen: Auf Vorverständnis aufbauen, sowie in sich schlüssig sein	– Erkenntnisse der grundlegenden Literatur des Forschungsfeldes wurden in vorherigen Kapiteln verarbeitet – Forschungslücken wurden dadurch identifiziert und Forschungsfragen darauf aufgebaut
3. **Regelgeleitetheit** Qualität der Interpretation wird durch schrittweises Vorgehen abgesichert: Analyseschritte vorab festgelegt und entsprechend durchgeführt	– Verwendung eines Interviewleitfadens – Analyse der Interviewdaten anhand der qualitativen Inhaltszusammenfassung nach Mayring (2015)
4. **Nähe zum Gegenstand** Nahes Anknüpfen an die Alltagswelt der beforschten Subjekte	– Nähe zum Forschungsgegenstand eingeschränkt, da die Interviews telefonisch stattfanden

(Fortsetzung)

Tabelle 3.2   (Fortsetzung)

Gütekriterien Qualitativer Forschung (Mayring, 2016)	Umsetzung in der vorliegenden Arbeit
	– Durch eine intensive Befassung der Forscherin mit SC und SI, sowie Herausforderungen in Veränderungen vor den Interviews, wurde die Nähe zum Forschungsgegenstand erhöht, obwohl die Verfasserin selber kein Systemischer Coach ist
5. **Kommunikative Validierung** Überprüfung der Gültigkeit der Ergebnisse und Interpretationen durch dessen Diskussion mit den Beforschten	– Dies wurde aufgrund der zeitlichen Restriktionen der vorliegenden Arbeit nicht umgesetzt
6. **Triangulation** Erhöhung der Forschungsqualität durch das Heranziehen mehrerer Datenquellen, Theorieansätze, unterschiedlicher Interpreten und mehrerer Analysegänge zusammengesetzt	– Breites Feld an theoretischen Ansätzen aus zahlreichen Datenquellen für ein fundiertes Vorwissen beleuchtet – Nur ein Datenerhebungsverfahren: halbstrukturiertes Experteninterview – Zweitanalyse durch Kommilitonin beim ersten Durcharbeiten der Interviews – Mehrere Analysegänge bei der Kategorienbildung

3.6   Forschungsprozess

Die einzelnen Schritte und zeitliche Einteilung des Forschungsprozesses werden in Tabelle 3.3 dargestellt.

Tabelle 3.3   Forschungsprozess der vorliegenden Arbeit. (Eigene Darstellung)

Forschungsprozess		
Aufgaben	**Zeitraum**	**Arbeitsschritte**
Vorbereitung der geplanten Forschung	Mai 2021 – Juni 2021	– Themenfindung und Identifizierung des Forschungsbedarfes – Erstes Lesen der relevanten Fachliteratur und Einarbeitung in das Thema Coaching – Ausarbeitung der ersten Haupt-Forschungsfrage für das abzugebene Exposé

(Fortsetzung)

Tabelle 3.3 (Fortsetzung)

Forschungsprozess

Aufgaben	Zeitraum	Arbeitsschritte
Grundlagen festigen und Forschungsdesign erkunden	Juni 2021 – Juli 2021	– Recherche theoretischer und methodischer Grundlagen – Erste Beschäftigung mit dem möglichen Forschungsdesign – Abgabe Exposé
Reflexion des Exposés und Forschungsdesigns	August 2021 – September 2021	– Schärfung des Themas, sowie der Forschungsfrage
Formulierung des Titels und Anmeldung der Arbeit	September 2021 – Oktober 2021	– Ausarbeitung und Abstimmung des Titels mit dem Betreuer der Arbeit – Anmeldung der Masterarbeit für den 20.10.2021
Theoretischer Teil der Arbeit	Oktober 2021 – November 2021	– Vertiefte Literaturrecherche – Intensive Beschäftigung mit Herausforderungen in Veränderungsprozessen, sowie möglichen Coaching-Interventionen – Verfassen des theoretische Teil der Masterbarbeit – Ableitung der Forschungsfragen
Feste Planung des Forschungsdesign	November 2021	– Ausarbeitung des geplanten Forschungsdesigns als Vorbereitung für die Durchführung
Instumente	Dezember 2021	– Entwicklung des Interviewleitfadens
Kontaktafunahme	Dezember 2021	– Kontaktaufnahme mit Systemischen Coachs – Planung der durchzuführenden Interviews
Probeinterview	Dezember 2021	– Probeinterview mit einem Systemischen Coach (Bekannte der Forscherin) – Anpassung des Interviewleitfadens
Erhebungsphase	Dezember 2021 – Januar 2021	– Durchführung der Telefoninterviews – Teilweise bereits Transkription der Interviews

(Fortsetzung)

Tabelle 3.3 (Fortsetzung)

Forschungsprozess		
Aufgaben	**Zeitraum**	**Arbeitsschritte**
Auswertungsphase 1	Januar 2021	– Weitere Transkription der Interviews – Erste Sichtung der Transkriptionen mit einer Kommilitonin – Identifikation relvanter Textstellung und Zuordnung zu Forschungsfragen – Paraphrasierung und Generalisierung – Entwicklung eines Kategoriensystems
Auswertungsphase 2	Januar 2021 – Februar 2021	– Zusammentragung und Beschreibung der Ergebnisse anhand der entwicklten Kategorien
Methodenteil und Diskussion	Februar 2021	– Ausarbeitung des Methodenteils und Formulierung der Diskussion – Einbezug theoretischer, sowie empirischer Erkenntnisse in die Diskussion – Entwicklung eines Leitfadens und Handlungsempfehlungen
Reflexion der Forschung	Februar 2021	– Fazit zusammentragen, sowie Limitationen der Forschungs identifizieren
Überarbeitung	Februar 2021	– Lektorat und Überarbeitung der Masterarbeit

Ergebnisse

4

Dieses Kapitel stellt die mittels der qualitativen Inhaltsangabe nach Mayring (2015) gewonnen Ergebnisse anhand von 24 Kategorien (K) vor, welche sich aus den Originalaussagen der IP ergeben haben. Dazu werden die Kategorien vorerst den Forschungsfragen zugeordnet, zu welchen sie inhaltliche Bezüge herstellen (Abbildung 4.1). Im Anschluss werden die Ergebnisse zu jeder Kategorie detailliert vorgestellt und mit Zitaten aus den Interviews (I) unterlegt.

K1: Erschließung des Veränderungsbedarfes mit MA
Bezüglich des Verständnisses aller MA für die Dringlichkeit des Wandels, beschreibt IP 1, dass es bedeutend sei, dass sich MA die Notwendigkeit selbst erschließen können. Dies könne in Form eines Workshops passieren, in welchem alle Perspektiven der MA gehört werden sollten. Der Coach hilft den MA, die Ist-Situation zu analysieren und veränderungsbedürftige Bereiche zu identifizieren. Systemische Fragen sollen dabei helfen, rationale und emotionale Aspekte zu erfassen. Besonders geeignet dafür sei die Rundum-Frage[1], bei welcher jeder Anwesende die gleiche Frage beantwortet, um letztlich alle Perspektiven zu hören (*„Das können beispielsweise, die einfachste Interventionsmöglichkeit wäre da eine Rundum-Frage, wo man tatsächlich bei jedem Einzelnen derer, die im Workshop da sind, die gleiche Frage letzten Endes beantworten lässt, sodass alle, alle Perspektiven gehört wurden"*, I 1, Z. 54–58[2]). Dies könne in Kleingruppen geschehen, in denen MA ihr individuelles Erleben schildern und Gruppenmitgliedern mitteilen. Wenn alle Perspektiven gehört wurden, können darauf gemeinsam Veränderungsbedarfe abgeleitet werden

---

[1] Diese Intervention, sowie alle weiteren genannten Interventionen in Kapitel 4 und 5 werden im Interventionsverzeichnis in Anhang 4 im elektronischen Zusatzmaterial näher erläutert.

[2] Dieses und alle weiteren Zitate interviewter Personen lassen sich gemäß den Zeilenangaben aus Anhang 6 im elektronischen Zusatzmaterial entnehmen.

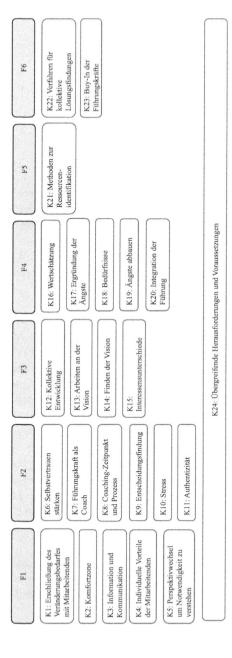

Abbildung 4.1 Übersicht und Zuordnung der Kategorien. (Eigene Darstellung)

(*„entweder in Zweier- oder Dreiergruppen sich gegenseitig dieses individuelle Erleben und die individuelle Situation schildern lässt, sodass die MA immer auch noch mal die Perspektiven Anderer schon beginnen kennenzulernen. Es ist gut für diese Perspektivenvielfalt und im zweiten Schritt erst würde ich dann dazu übergehen, zu sagen: Und was bedeutet das denn jetzt für uns als Team, als Gruppe, als Unternehmen? Dann kommt man sozusagen von dem Ich in das Wir*", I 1, Z. 65–73).

Dieses Einbeziehen verschiedener Perspektiven kann auf der Ebene einzelner MA passieren, oder auf der Ebene von Teams, indem diese Repräsentanten auswählen, die sich mit Repräsentanten aus anderen Teams austauschen.

K2: Komfortzone

Sieben der acht IP erachten das Ergründen der Komfortzone und das Ermutigen dazu, diese zu verlassen, als einen wichtigen Bestandteil von SC in Veränderungsprozessen. Nur wenn MA bereit sind, diese zu verlassen, entsteht eine Akzeptanz und ein Verständnis für notwendige organisationale Veränderungen. IP 2 beschreibt, dass es wichtig sei, die Komfortzone konkret zu ergründen und Kontexte, sowie Aufgaben zu identifizieren, mit welchen sich MA wohlfühlen oder nicht (I 2, Z. 169–171). Durch diese Operationalisierung der Komfortzone und das Schaffen eines konkreten Bildes davon, können Ressourcen der MA identifiziert werden, welche sie im Umgang mit etwas Neuem nutzen können (*„Also ich arbeite häufig am Beschreiben des großen Bildes, um dann zu sagen: Was könnte der erste Schritt sein? Wie willst du das ausprobieren?*", I 2, Z. 133–135). IP 7 und 8 führen aus, dass man durch eine Konkretisierung die Lern- und Panikzone, sowie erste Handlungsalternativen des Coachees ergründen könnte (*„ Und dann würde ich auch wieder versuchen, ultra konkret zu werden: […] so eine normale, unspektakuläre Durchschnitts-Arbeitswoche, was machen Sie da? Und gibt es da Dinge, wo der Chef jetzt anfängt zu nerven, weil Sie das anders machen sollen? Also da würde ich wirklich extrem kleinteilig gucken, wirklich auch so: Welche Schritte fallen Ihnen vielleicht gar nicht schwer? Wo ich sage: Ah okay, die Veränderung würden Sie mitmachen? Also, dass er dann auch kapiert, dass er nicht prinzipiell gegen Veränderung ist. […] Ich male dann immer so auf, in der Mitte ein Kreis als Komfortzone, der eine Kreis drum herum die Lernzone und der nächste Kreis Angstzone. Und dann würde ich wirklich mich ein bisschen vortasten: Okay, bei welcher Veränderung würden Sie sagen: […] das versuchen Sie zumindest mal? Und was sind wirklich auch Veränderungsschritte […] wo der Mitarbeiter nicht mitmacht? Wenn man so arbeitet, dann hat man eine graduelle Unterscheidung und er hat mehr Handlungsalternativen dadurch*", I 7, Z. 104–120). Ebenso beschreiben IP 4, 5 und 7, dass die konkrete Ergründung der Komfortzone wichtig sei, um zu verstehen, ob der MA durch Ängste in dieser Komfortzone gehalten wird. Sollte dies der Fall sein, ist es wichtig, diese Ängste wertzuschätzen und zeitgleich vergangene Erfolge sichtbar zu machen, um Sicherheit zu vermitteln (*„Zuzuhören und so wirklich verstehen zu wollen, was die Ängste und die Befürchtungen und die Widerstände der MA sind. [...] haben wir schon bevor die Veränderung überhaupt begonnen haben, haben wir Veränder-Dich Workshops gemacht. Wir haben mit allen Leuten darüber geredet, dass es normal ist, dass es immer wieder Veränderungen gegeben hat und mit ihnen geschaut, was hat Ihnen in früheren Veränderungsprozessen geholfen oder in Veränderungsprozessen, kann auch auf der privaten Ebene sein"*, I 8, Z. 46–54).

IP 1 beschreibt außerdem, dass MA durch positives Feedback von anderen MA ermutigt werden können, ihre Komfortzone zu verlassen. Diese könnte in einem Gruppencoaching geschehen. Eine weitere Coaching-Möglichkeit, welche von IP 1,4,5,7 und 8 beschrieben wurde, ist, dass vom MA Bezüge zu bereits vergangenen Veränderungen geschaffen werden, um Ressourcen der MA zu identifizieren und Zuversicht zu schaffen (*„was hat ihnen einen früheren Veränderungsprozessen geholfen oder in Veränderungsprozessen kann auf der privaten Ebene sein. Was hat Ihnen geholfen, um sich dadurch zu bewegen? Vielleicht gar nicht mehr zurück zu wollen"*, I 8, Z. 52–55).

K3: Information und Kommunikation

Damit MA die Notwendigkeit einer Veränderung verstehen, ist es laut IP 2, 3, 5, 6 und 7 eminent, eine bessere Kommunikation durch die FKs herzustellen. Laut IP 2 sei es dabei wichtig, authentisch und transparent zu kommunizieren, indem Ambiguitäten offen angesprochen werden (I 2, Z. 77–80). Den Mut für diese authentische Kommunikation, könne in einem vorherigen Coaching mit der FK erarbeitet werden (I 2, Z. 82–86). Laut IP 6 kann ein Coach in einem Kommunikationstraining die Sinnhaftigkeit der Veränderung mit den FKs bildhaft erarbeiten, damit diese für MA auf allen Ebenen verständlich kommuniziert werden kann (*„bildhaft darstellen können, weshalb diese Veränderungen? Also die Sinnhaftigkeit ist extrem wichtig. Da helfe ich natürlich manchmal als Coach, dass die das geklärt kriegen. Vor allem auch dann eben so, dass es zum Beispiel auch der Mensch in der Produktion versteht. Das heißt, man muss da extrem zielgruppengenau arbeiten"*, I 6, Z. 37–41). Dieser IP führt aus, dass die Kommunikation der Notwendigkeit in einem Coaching durch Rollenspiele geübt werden könnten, indem sich FKs in die Rolle der MA versetzen und so kommunizieren, als wären diese bereits anwesend. Außerdem eigne sich das Pyramiden Prinzip, um Argumentationen zu üben und mit Daten zu stützen (*„da würde ich sie einfach mal in die Rolle tun, wenn da schon alle Mitarbeiter säßen und dass sie das mal kommunizieren und das üben. Was sich gut bewährt ist dieses Pyramiden Prinzip. Da ist die Kernaussage zu Oberst dann die drei wichtigsten Argumente, die die Kernaussage stützen und dann zu jedem dieser drei wichtigen*

Argumente wieder drei, die quasi dann mit Zahlen, Details und so angereichert werden. Und dann haben die intern eine Struktur. Und da würde ich sie einfach üben lassen. Da würde ich sie etwas vorbereiten lassen und dann anhören und dann wirklich vielleicht auch mal, dass sie in die Rolle dann der Zielgruppen gehen", I 6, Z. 69–77). IP 7 erläutert, dass es wichtig ist, mit FKs zu erarbeiten, was die Veränderung für alle MA-Ebenen konkret bedeutet und eine verständliche sprachliche Ebene ohne *Buzzwords* zu erarbeiten. Dies könnte auch als Workshop mit dem jeweiligen Team ausgestaltet werden (I 7, Z. 38–41). Neben einer verständlichen Kommunikation beschreibt IP 2, dass es wichtig sei, einen Informationsfluss zwischen FKs und MA herzustellen. In einem Coaching mit einzelnen Teams oder MA sollte erarbeitet werden, welche Informationen fehlen und wer der richtige Adressat dafür wäre (I 2, Z. 43–44). IP 3 ist der Auffassung, dass ein Coaching bei unverständlicher Kommunikation nur bedingt helfen kann, wenn der Visionsprozess nicht gemeinsam mit MA aufgesetzt wurde (*„weil ich sagen würde da kann Coaching gar nichts machen [...] um das besser zu vermitteln. Dann war entweder etwas mit dem Visions-Prozess nicht in Ordnung. Das heißt ich habe ihn falsch aufgesetzt, nämlich ohne Mitarbeiterbeteiligung"*, I 3, Z. 39–45).

K4: Individuelle Vorteile der MA
Sechs der acht IP betonen, dass MA sich mit ihren individuellen Vorteilen der Veränderung auseinandersetzen sollten, um die Dringlichkeit des Wandels vollends zu verstehen. Dafür sei es laut IP 2 hilfreich, in einem Coaching mit einzelnen MA oder Teams den Kontakt zu sich selber herzustellen, um eigene Werte und Ziele zu klären und diese auf die Veränderung zu beziehen. Falls die Veränderung keine erkennbaren Vorteile für den MA enthält, gilt es in diesem Coaching zu erarbeiten, ob dieser dafür sorgen kann, dass sie für ihn vorteilhaft wird (I 2, Z. 97–100). Dazu könne mit Skalierungsfragen gearbeitet werden, um die jetzige Zufriedenheit und die Zielerreichung zu klären, sowie Klärungsfragen zur eigenen Biografie, zu Motiven und Zielen einsetzen. Um den optimalen Zielzustand des MA herauszuarbeiten, sollte der Coach alltagsnahe und konkrete Fragen stellen (*„mit Skalierungen arbeiten, also mit was wärst du zufrieden von 0 bis 10 und wo stehst du jetzt und wie könntest du dir vorstellen so einen Schritt weiterzukommen? Aber ich bleibe da sehr eng einfach in diesen Klärungsfragen zur eigenen Biografie und zu den eigenen Motiven und Zielen. [...] immer alltagsnah zu halten, also zu sagen, wo in den letzten Monaten warst du richtig glücklich? Oder wo in den letzten Monaten war es richtig schlimm? Wonach hast du dich gesehnt in der letzten Zeit? Also wirklich konkret in Bezug auf das, was sie erlebt haben erfahrungsbasiert, nicht irgendwo: Ja meine Ziele sind ein vertrauensvolles Miteinander. Ja wie würde das denn aussehen?"*, I 2, Z. 110–118). Auch IP 3 beschreibt, dass die Ergründung des optimalen Zustandes sinnvoll sei.

Dabei sei es ressourcen-technisch schwierig, mit jedem MA einzeln zu sprechen, jedoch könnten Ressourcen der einzelnen Teams ergründet werden. Um Wünsche für die Zukunft zu ergründen, eigenen sich Systemische Fragen („*Was würdest du dir denn wünschen für deinen zukünftigen Arbeitsplatz? Ja, also das man sofort so eine Art Ressourcen-Karte macht für das Team. Also im Sinne von: Was können wir eigentlich gut? Und dass wir in diesem positiven Sinne tatsächlich ein in Anführungszeichen Wünsch dir was macht. Was würde dich denn besonders motivieren, morgens zur Arbeit zu gehen? Was würde es noch ein Stück besser machen als der Tag heute? Also das ist so ein klassisches Ding und zwar im positiven Sinne. Wenn sie jetzt schon gut ist, was möchtest du dem bewahren, was gut ist? Da übrigens eine tiefgreifende systemische Frage von Rogers: Was möchtest du bewahren, was jetzt schon gut läuft? Das ist eine Kernfrage. Und wenn das so ist und gleichzeitig das projizieren kann auf Team Ebene in die Zukunft, dann bekomme ich auch einen sehr klaren Blick dafür, welche Chancen so einen Veränderungsprozess haben kann*", I 3, Z. 95–106). Sobald individuelle Vorteile erkannt werden ist laut IP 3 ebenso das Verlassen der Komfortzone wahrscheinlich (I 3, Z. 171). Um individuelle Vorteile zu erkennen schlägt IP 4 vor, in einem Coaching mit positivem Programmieren zu arbeiten und der Coach die Verbindung zwischen der Veränderung und individuellen Auswirkungen herstellt („*positiv zu programmieren im Sinne von: Was ist denn da für dich denn auch drin? Oder dass du die entwickeln lässt, welches die negativen Konsequenzen für ihn persönlich sind. Ich glaube, das Schwierige ist immer, dass diese Leute, das was abstrakt ist, wenn sie es nicht auf sich beziehen können, dass du da versuchst, die Verbindung herzustellen*", I 4, Z. 28–32). IP 5 und 4 betonen dabei die Wichtigkeit des Bewusstmachens der aktuellen Situation („*Was ist es denn jetzt gerade? Ist es für seine persönliche Entwicklung was Gutes? Ist es für sein Arbeitsumfeld? Also der klopfst du halt so ein bisschen ab. Aber was stört mich aktuell? Also dieses Bewusstmachen der aktuellen Situation. Welche sind denn da die Pain Points? Und wenn du ihn dann hast, wo er über irgendwas am Meckern ist, dann kannst du nämlich wunderbar sagen: Wie stellst du dir das vor in der anderen Situation?*", I 4, Z. 57–62). Wenn MA sich durch solche Gespräche verstanden fühlen, vermutet IP 5, dass sie dann bereit sind, die Veränderung mitzugestalten. Außerdem könne in einem Coaching der betroffenen MA die Selbstwirksamkeit gestärkt werden, indem der Umgang mit der Veränderung beleuchtet wird. Dabei könnte ein Coach mit den fünf Emotionen von Vivian Dittmar arbeiten („*Sie haben die Wahl, ob Sie sich dagegen sperren oder nicht. […] Ich arbeite da gerne mit dem Konzept von Vivian Dittmar mit den fünf Emotionen*", I 8, Z. 66–69). IP 7 schlägt vor, dass sich MA in einem Workshop die individuellen Vorteile der Veränderung anhand von Collagen-Arbeit erarbeiten können. Dieser Workshop sollte in einem Coaching mit der FK vorbereitet werden, wobei im Workshop selber der Coach nur als Moderator fungiert (I 7, Z. 51–53). Eine weitere Möglichkeit, mit MA in Form eines Coachings zu Vor- und Nachteilen der Veränderung zu arbeiten, sei laut IP 5, dass der Coach mit einer Aufstellung des neuen und alten Systemzustandes arbeitet („*mit einer Aufstellung machen*", I 5, Z. 38–59).

K5: Perspektivwechsel um Notwendigkeit zu verstehen

Eine weitere effektive Coaching-Möglichkeit, welche von drei IP benannt wurde, um das Verständnis der MA für die Notwendigkeit des Wandels zu erhöhen, sei die Methode des Perspektivwechsels. Dazu beschreiben IP 3, 4 und 5, dass es hilfreich sei, wenn MA in einem Coaching durch ein Rollenspiel die Rolle der Geschäftsleitung einnehmen („*dass vielleicht Mitarbeiter im Rahmen einer Team-Session mal die, die die Rolle der Geschäftsleitung oder des Managements einnehmen und im Sinne: Was würdest du denn tun, wenn?*", I 3, Z. 59–62). Dieser Perspektivwechsel könnte innerhalb eines Einzelcoaching, aber auch in einem Team-Setting stattfinden (I 4, Z. 47–49). Ein weiterer hilfreicher Perspektivwechsel sei laut IP 4, dass der MA nach einer Parallele einer ähnlichen Situation im Privatleben sucht und sein/ihr Verhalten mit dieser Situation reflektiert („*Habe ich etwas, was losgelöst ist von dem Set-up im Büro oder im Geschäft? Findest du eine Parallele zu so einer ähnlichen Situation im Privatleben?*", I 4, Z. 39–41).

K6: Selbstvertrauen stärken

Um das Selbstvertrauen einer FK in Veränderungsprozessen zu stärken, schlagen fünf IP verschiedene Coaching-Möglichkeiten vor. Dazu sei es laut IP 1 wichtig, in einem Coaching mit der FK an den Kompetenzen der FK zu arbeiten, sowie die individuellen Vorteile der FK durch die Veränderung zu erarbeiten (I 1, Z. 103–112). Solch ein FK-Coaching könne laut IP 1 als Einzelcoaching oder als Gruppencoaching durchgeführt werden, in welchem Kompetenzen der FKs durch gegenseitiges Feedback bewusst gemacht werden. Außerdem könne das Selbstvertrauen gestärkt werden, indem vergangene gelungene Veränderungen beleuchtet werden (I 1, Z. 86–93). Ähnlich beschreibt es IP 3, welcher eine Lebenslinie-Analyse für förderlich hält, um einen Bezug zu vergangenen gelungenen Ereignissen herzustellen („*Lebenslinie-Analyse nennt, dass man sagt, die Dinge, die in der Vergangenheit besonders gut geklappt haben. Und dann die Frage stellen: Warum glaubst du denn, wird das in der Zukunft nicht funktionieren? Da kommt man sehr schnell zu dem Punkt: Na ja, das kann ich ja, das hat funktioniert. Stimmt, du hast recht, wahrscheinlich wird es in der Zukunft auch funktionieren*", I 3, Z. 213–218). Um die Stärken einer FK zu analysieren und aufzubauen, schlägt IP 3 ein Einzelcoaching mit der FK vor, um die Angst vor Vorbehalten anderer FKs zu minimieren. Durch zirkuläres Fragen können Stärken der FK beleuchtet werden („*zirkuläres Fragen*.

Klassische Technik: Was glaubst du, würden deine Mitarbeiter, deine Kollegen, deine Vorgesetzten sagen, was du besonders gut kannst? Und auch hier wieder die Technik, das Positive zu verstärken, um dann eben auch klar zu machen: Du bist nicht ohne Grund in dieser Position, du hast entsprechendes Vertrauen. Und hier auch noch mal klar zu machen […] Und da einfach noch mal zu gucken: Was glaubst du denn, was andere in dir für Stärken sehen", I 3, Z. 158–169). Auch IP 7 schlägt einen Bezug zu vergangenen positiv erlebten Situationen vor, um konkrete Ressourcen einer FK zu ergründen und zu stärken (*„Das heißt auch wieder die Frage: Was gab es in letzter Zeit, sagen wir mal im letzten halben Jahr, wo Sie sich richtig klasse als Führungskraft fanden? Wo Sie in ihrer Kraft waren, wo es ihnen leicht von der Hand gegangen ist? Wo Sie nicht groß nachdenken mussten, wie Sie das jetzt mit Ihren Mitarbeitern machen? Wo Sie tolles Feedback von den Mitarbeitern bekommen haben, wo es tolle Arbeitsergebnisse gab, wo alles gepasst hat. Also daran zurück erinnern und wieder ganz konkret gucken: Also nicht was hat dazu beigetragen, sondern: Was haben Sie da gemacht, dass es Ihnen da so ging? Und schon haben wir ganz viele Ressourcen"*, I 7, Z. 149–157). Darüber hinaus sei es laut IP 7 wichtig, in Form eines Reality-Checks das Rollenbild der FK zu klären, unrealistische Ideale zu streichen und realistische konkrete Ziele zu stecken, um das Selbstvertrauen zu steigern. Dazu eignet sich auch ein Perspektivwechsel, indem die FK sich in die Rolle ihrer MA versetzt (*„einen Reality-Check zu machen. Das heißt, ihn eine realistische Vision erstellen lassen, was er denn darunter versteht, wenn er eine gute Führungskraft ist […] wirklich ganz konkret: Sie haben Mitarbeiterin X und Mitarbeiter Y, wie möchten Sie, das auch noch mal zum Thema Eigen-PR, wie sollen die über sie als Führungskraft reden? Holen Sie sich im Geiste einen Mitarbeiter vor Augen und wenn die dann sagen: Wie ist denn Ihr Chef oder Ihre Chefin so? Was soll die erzählen? Weil die da dann auch in der Regel… Dieser Reality-Check holt sie eben runter aus dieser Angst „Das schaffe ich ja nie", weil die eben einem Ideal hinterher hechten, was unerreichbar ist, sondern eben: Wie möchte ich konkret sein?"*, I 7, Z. 164–174). IP 5 beschreibt, dass das Selbstvertrauen einer FK automatisch gestärkt wird, je mehr sie sich mit der Veränderung identifizieren kann. Diese Identifikation könne in einem Coaching thematisiert werden, indem sie die Kommunikation der Veränderung übt und Kompetenzen erlernt, wie sie mit Konflikten innerhalb der Mitarbeiterschaft umgehen kann (I 5, Z. 182–193).

K7: Führungskraft Coaching Kompetenzen lehren

Um das Vertrauen der MA in die FK zu stärken beschreiben drei IP, dass es hilfreich sei, wenn die FK bestimmte Coaching Kompetenzen erlernt, um diese im Umgang mit den MA anzuwenden. Diese Kompetenzen sollten zu Beginn eines Veränderungsprozesses im Coaching mit der FK erarbeitet werden. IP 1 spricht dabei von einer von der traditionellen Führung abweichenden Haltung, welche sonst vom Systemischen Coach vertreten wird (I 1, Z. 119–126). Auch IP 7 hält es für sinnvoll, der FK diese Haltung, sowie relevante Fragetechniken zu vermitteln (*„der Führungskraft auf jeden Fall einige Coaching-Kompetenzen beibringen, sodass er Coach wird. [...] so Haltungen und bestimmte Fragetechniken, die würde ich wahrscheinlich versuchen zu vermitteln"*, I 7, Z. 70–75). IP 5 ergänzt, dass der Umgang mit Konflikten und Widerständen in einem Coaching mit der FK geübt werden könne (*„Wie kommuniziere ich? Wie höre ich zu? Wie gehe ich mit den Leuten um?"*, I 5, Z. 192–193).

K8: Coaching-Zeitpunkt und Prozess
Fünf IP treffen Aussagen dazu, zu welchem Zeitpunkt eines Veränderungsprozesses FKs ein Coaching angeboten werden sollte, um ihre MA führungsstark durch die Veränderung zu begleiten. IP 1 betont, dass dieser Coaching-Prozess der FK schon vor dem Anstoß des Veränderungsprozesses beginnen sollte, sowie mehrere Sitzungen während der organisationalen Veränderung eingeplant werden sollten (I 3, Z. 131–139). IP 3 ergänzt, dass das Angebot eines Coachings den Veränderungsprozess von Beginn an begleiten sollte, sowie als Selbstverständlichkeit, anstatt einer akuten Problemlösung, angesehen werden sollte (*„Von Beginn an anbieten und zur Selbstverständlichkeit machen"*, I 3, Z. 231). Auch IP 4, 5 und 7 halten ein Coaching vor Beginn der Veränderung als sinnvoll. IP 3 und 5 beziehen sich dabei erneut auf die Coaching-Kompetenzen, die eine FK vor Beginn der Veränderung erlernen sollte

K9: Entscheidungsfindung
Um Unsicherheiten von FKs abzubauen und die Angst vor Fehlentscheidungen zu nehmen, gibt es laut sieben der acht IP Coaching-Möglichkeiten, die an dieser Herausforderung anknüpfen. IP 1 schlägt vor, die Angst vor Fehlentscheidungen dadurch abzubauen, dass die FK ermutigt wird, Entscheidungen und Handlungsmöglichkeiten mit Einbezug der MA zu evaluieren (*„Führungskräfte möglichst gut lernen, Sachentscheidungen gar nicht selbst treffen zu müssen, sondern letzten Endes, die Entscheidungsfindung in dem System, mit dem sie arbeiten, entstehen zu lassen"*, I 3, Z. 151–154). IP 2 setzt bei Coaching-Möglichkeiten direkt an der FK an, indem diese zuerst detailliert das Problem, sowie den optimalen Lösungszustand beschreiben soll. Danach werden mögliche Handlungsalternativen und deren Auswirkungen beschrieben, sowie im gleichen Zuge die Körperwahrnehmung dieser Auswirkungen ergründet, um den Zugang zu den eigenen Emotionen zu legen. Dies ist die Aufgabe des Coachs (*„ganz intuitiv, da arbeite ich häufig auch mit Körperwahrnehmung: Wie reagiere ich körperlich oder auch emotional auf das? Und dann aber auch, versuche ich den Bogen zu schlagen, aber auch kognitiv,*

intellektuell. [...] Das heißt, meine Arbeit als Coach ist auch die Zugänge zu den eigenen Emotionen wieder zu legen", I 2, Z. 192–198). IP 3 ergänzt zusätzliche Coaching-Möglichkeiten. In Gruppensettings mit mehreren FKs sollte vorerst die Kontroll-Illusion abgebaut werden, indem vergangene Entscheidungsvorgänge anhand der Lebenslinien-Arbeit beleuchtet werden (*"Kontroll-Illusion abzuarbeiten, also klar zu machen, dass dieses Gefühl der Kontrolle haben zu müssen, eine Illusion ist. Die gibt es tatsächlich nicht. Das kann man übrigens interessanterweise wieder in Gruppen-Settings mit Führungskräften sehr gut machen, dass man sagt, dass man darüber spricht, dass man mal gemeinsam analysiert: Wie kommt ihr normalerweise zu Entscheidungen? Und wenn ihr in die Vergangenheit schaut, welche Entscheidungen haben sich als sehr positiv erwiesen? Als besonders gut in der Konsequenz? Und wie sicher wart ihr damals? Das heißt also hier auch wieder so, dass diese Idee, Lebenslinie, in die Vergangenheit schauen. Und dann wird man nämlich rausfinden, dass ich ohnehin keine Kontrolle hab"*, I 3, Z. 201–211). Außerdem betonen IP 3 und 8, dass das Hören auf das Bauchgefühl und zeitgleich das Vertrauen der FKs in sich selbst gestärkt werden solle (I 3, 211–215; I 8, Z. 136–143). IP 4 beschreibt, dass in einem Coaching ergründet werden sollte, woher eine Angst vor Fehlentscheidungen der FK stammen könnte (I 4, Z. 133–156). Um einer FK bei Entscheidungsfindungen zu helfen, sollten in einem Coaching mit ihr laut IP 6 Entscheidungsalternativen und -auswirkungen ergründet werden. Dazu eignet sich die Arbeit mit dem Tetralemma, Magic Estimations, der Affekt-Bilanz oder dem Coaching-Rad (I 6, Z. 157–170). Laut IP 7 sollten vorerst die Entscheidungsschwierigkeiten ergründet werden, sowie durch das Hervorrufen von vergangenen Entscheidungen das Selbstvertrauen der FK gestärkt werden (I 7, Z. 195–212). Außerdem könnte durch konkrete Szenarien herausgearbeitet werden, was die FK bräuchte, um sicherer Entscheidungen zu treffen. Darüber hinaus könnten ebenfalls vergangene Szenarien durchgespielt werden, wo Fehler hilfreich waren, um die Angst vor Fehlentscheidungen abzubauen (I 7, Z. 218–223). Nichtsdestotrotz hat sich aus drei Interviews herauskristallisiert, dass es gewisse strukturelle Voraussetzungen gibt, welche nicht durch Coaching verbessert werden können. Bei unsicheren FKs, welche Angst vor Fehlentscheidungen haben, sei es laut IP 3, 4 und 7 immens wichtig, dass ein Commitment der obersten Hierarchiestufen besteht, sowie eine Fehlerkultur gelebt wird (*"hole dir das Buy-In von oben, dass du Fehler machen darfst. Ich weiß, dass es Firmen gibt, da ist es nicht gewünscht, Fehler zu machen. Und da kannst du mit Coaching nichts mehr ändern, weil da ist die Angst der Person berechtigt"*, I 4, Z. 153–156).

K10: Stress
Laut Klaffke (2010) erleben FKs in Veränderungen erhöhten Stress und sind nicht resilient genug, um diesen standzuhalten. Sieben der acht IP schlagen Coaching-Maßnahmen vor, um Stress besser bewältigen zu können. Laut IP 1, 3 und 7 sei der erste Schritt dazu, dass der Stress in einem Coaching mit der FK bewusst gemacht wird, indem ein typischer Arbeitsalltag beschrieben wird und konkret Situationen identifiziert werden, wo das Stressempfinden höher oder niedriger ist (I 1, Z. 201–211; I 3, Z. 277–307; I 7, Z. 232–242). Auch laut IP 8 sollten die Stressoren vorerst ergründet werden. Dazu eigne sich das Kaluza Stressmodell (I 8, Z. 156–158). IP 3 beschreibt, dass in einem Einzel- oder Gruppensetting mit FKs die Stärken reflektiert werden sollten, um die Resilienz zu kräftigen. Mit Skalierungen könnte herausgefunden werden, wo Stärken liegen und wo Maßnahmen sinnvoll sind („*klassische Resilienz-Faktoren sich anzugucken, die bewerten zu lassen auf einer Prozent-Skala [...] wo fühle ich mich stark, wo fühle ich mich nicht so gut aufgestellt und da entsprechend für sich persönlich Methoden zu entwickeln. Also man könnte das nennen: Reflexion zur individuellen Resilienz und dann entsprechend so einen Maßnahmenkatalog*", I 3, Z. 234–240). Um diese Ressourcen zu ergründen, schlägt IP 4 vor, einen Perspektivwechsel durchzuführen und die identifizierten Stärken in Form von Journaling zu dokumentieren („*Wie würde denn ein Freund dich beschreiben und was würde dein Kollege sagen? Warum sollst du diesen Job machen? Oder warum bist du gut in diesem Job? Auch da wieder so Perspektivwechsel einbauen*", I 4, Z. 323–326). IP 4 und 6 ergänzen, dass die Resilienz mit den Säulen der Resilienz und der Übung der Stabilen Zonen gestärkt werden könne (I 6, Z. 176–178). IP 2 schlägt vor, in einem Coaching generell nach Ressourcen der FK zu suchen und zu ergründen, wie diese aktiviert werden können (I 2, Z. 214–215). Um besser mit Stress umgehen zu können, sollten laut IP 7 und 8 in einem Coaching vergangene stressbehaftete Situationen und der Umgang damit beleuchtet werden, um Unterschiede und verknüpfte Ressourcen zu identifizieren. Außerdem könnte der Coach Selbstfürsorge-Techniken mit dem Coachee erarbeiten, wie beispielsweise die Timer-Strategie (I 7, Z. 246–266). IP 8 ergänzt, dass durch Reframing-Techniken alternative Gedanken zu der Stresssituation geschaffen werden können, um die Situation anders zu bewerten und Stress abzubauen („*Das ganze Reframing, die dort zu üben und zu schauen was sind für Sie kurzfristige, also ganz kurzfristige Arten, Techniken, Übungen, die helfen und was sind für sie langfristige Regenerationsmöglichkeiten*", I 8, Z. 158–161).

K11: Authentizität
Um Führungsstärke zu zeigen und Vertrauen zu vermitteln, sei laut vier von acht IP Authentizität ein wichtiger Punkt. Laut IP 4 sollten in einem Coaching die Gefühle

der FK erarbeitet werden, um diese authentisch nach außen zu tragen (I 4, Z. 113–124). IP 6 erläutert, dass es dazu wichtig sei, in einem Coaching die eigenen Unsicherheiten und Ängste der FK zu akzeptieren und wertzuschätzen. Danach könne die authentische Kommunikation der wahren Haltung zu der Veränderung geübt werden, wodurch gleichzeitig mehr Selbstvertrauen geschaffen würde (I 6, Z. 125–141). Ähnlich betonen IP 7 und 8 die Wichtigkeit, auch Ängste und Unsicherheiten der FK herauszuarbeiten und wertzuschätzen (I 7, Z. 136–146; I 8, Z. 100–109). IP 8 schlägt zusätzlich ein Gruppencoaching der FKs vor, indem diese Wertschätzung der Unsicherheiten geschieht, damit sich FKs Verbündete suchen können, um sich darüber auszutauschen (*"sich Verbündete suchen, um zu schauen, mit wem kann ich konstruktiv über meine Befürchtungen und Ängste austauschen"*, I 8, Z. 167–168).

K12: Kollektive Entwicklung

Damit sich MA mit der Vision des Wandels identifizieren können, halten sieben von acht IP eine kollektive Entwicklung dieser Vision mit den MA für ausschlaggebend. IP 1 und 7 beschreiben, dass hierbei mit Repräsentanten aus den einzelnen Teams gearbeitet werden könne. Diese Repräsentanten könnten somit ihre Teammitglieder auf gleicher Augenhöhe und mit gleicher Sprache *"auch wirklich gut mitnehmen"* (I 1, Z. 266). Um die Vision kollektiv in einem Workshop erarbeiten zu lassen, könnten alle Beteiligten nach ihrer Idee des optimalen Zustandes gefragt und diese Ideen am Ende gemeinsam verdichtet werden, wofür sich die Rundum-Frage eignet (I 1, Z. 242–252). Laut IP 3 entstehe durch diese kollektive Arbeit ebenso ein höheres Verständnis für die Notwendigkeit des Wandels, indem Mitbestimmung bis zur untersten Ebene ermöglicht wird. Der Coach fungiert in solch einem Workshop als Moderator, der Ideen konsolidiert und unterstützt, die Kernpunkte in Richtung einer Vision auszuarbeiten (I 3, Z. 344–345). IP 2 schlägt vor, dass Beteiligte dieses Workshops den Sinn der Organisation gemeinsam herausarbeiten, um eine Vision zu finden (*"Wofür sind wir da? Ich weiß nicht ob du Sinek kennst, dieses "Why?" wirklich herauszuarbeiten, diesen Purpose wirklich herauszuarbeiten"*, I 2, Z. 237–238). Um Ideen für eine Vision gemeinsam zu sammeln, schlägt IP 4 Silent Clustering oder Fishbowl Diskussionen vor (*"In welcher Situation sind wir denn? Welches Problem müssen wir denn lösen? [...] Wenn du so ein Silent Clustering vielleicht an der Tafel machst, und dann dieser Begriff kommt immer wieder, dann nimmst du den raus und lässt sie damit arbeiten. Also oder du machst ich sage mal so Fishbowl Diskussionen. Ja, da kannst du auch immer wieder einen mit reinnehmen und dann entwickelt sich dadurch etwas"*, I 4, Z. 202–207). IP 6 ergänzt die Methoden der Dynamic Facilitation oder der Forschungsgruppen (I 6, Z. 236–242).

K13: Arbeiten an der Vision

Neben einer kollektiven Entwicklung hinaus sei es laut IP 1 und 4 wichtig, dass die Vision über die Rationalität hinaus auch emotional anpackt, weshalb diese so bildhaft wie möglich für MA dargestellt werden sollte. Der Coach könnte hier in einem Gruppencoaching mit MA kleine Kunstwerke, Theater- oder Musikstücke aus der Vision generieren lassen (I 1, Z. 220–227). IP 2 betont, dass in einem Coaching mit Change-Initiatoren ein Bewusstsein dafür geschaffen werden sollte, dass das Erklären der Vision alleine nicht reicht, sondern MA an dieser Vision arbeiten sollten (I 2, Z. 279–281). Dies könnte in der Form eines Gruppencoachings oder Workshops einzelner Teams geschehen, wo die Vision auf den einzelnen Bereich oder MA runtergebrochen wird (*„Was bedeutet das für mich in meinem Bereich, wenn wir diese Vision oder diese Strategie umsetzen? Was bedeutet das für mich und meine MA? Dafür muss man den Leuten Zeit geben, sich Gedanken zu machen in Workshops und sich auszutauschen"*, I 2, Z. 287–290). Auch IP 6 betont die Wichtigkeit des Runterbrechens der Vision auf MA-Kontexte. Dies könne in einem Coaching gemeinsam erarbeitet werden (*„sie runterbrechen und in den realen Kontext der Leute. Was bedeutet das konkret für unser Team? Auch für jede einzelne Funktion? Wie muss ich arbeiten? Was muss ich tun, damit ich einen Beitrag zu dieser Vision leiste? Also ganz häufig sage ich dann: Okay, wenn das die Vision ist, was ist dein konkreter Beitrag, den du daran leistest?"*, I 7, Z. 365–269). Ebenso beschreibt es IP 8 und fügt hinzu metaphorisch zu arbeiten und MA zu fragen, welche Bilder die Vision bei ihnen hervorruft (*„Was heißt das jetzt für uns? Was haben wir verstanden? Was bleibt gleich? Wo gibt es Veränderungen? Also dort viel Zeit und Raum zum Austauschen zu Verfügung gestellt wird. Und einmal mehr finde ich, je bildlicher, metaphorischer, je besser so eine Vision vermittelt werden kann, desto einfacher ist sie verständlich"*, I 8, Z. 234–238). IP 3 und 7 ergänzen, dass in diesem Setting MA ihre Bedenken und Wünsche zur Vision formulieren sollten. Eine Methode dafür ist laut IP 3 die VW Regel, bei welcher Vorwürfe und Wünsche formuliert werden. Um diese Bedenken und Wünsche direkt zu adressieren, sollten Change-Initiatoren in diesem Setting anwesend sein (*„Ängste und Erwartungen der Teammitglieder oder der einzelnen Teams mal abzuklopfen. Es gibt da diese sogenannte VW Regel: Vorwurf, Wunsch. […] Aber den Leuten die Gelegenheit zu geben, mal zu formulieren, was ihnen nicht passt an der Vision, das zu sammeln und das umformulieren zu lassen in Wünsche. Das heißt ich nehme Ängste oder Vorwürfe […] und lass das mal formulieren: Welche Wünsche hättest du denn daraus?"*, I 3, Z. 347–353). Ähnlich beschreibt es auch IP 4 und schlägt vor in Teams Bedenken an der Vision erarbeiten zu lassen und diese durch Repräsentanten auf einer offenen Bühne mit der FK diskutieren zu lassen (I 4, Z. 239–249).

K14: Finden der Vision

Vier der acht IP gehen intensiver darauf ein, wie eine Vision überhaupt gefunden werden kann und welche Coaching-Interventionen dazu förderlich wären. IP 2 schildert dazu den Einsatz von Systemischen Fragen, wobei der Coach danach fragt, was wäre, wenn das Unternehmen nicht mehr bestehe, um durch die entstehende Lücke zu realisieren, was der Sinn der Organisation ist. Eine weitere Alternative wäre, die Wünsche und Sehnsüchte formulieren zu lassen und zu konkretisieren (*„Was würde fehlen, wenn wir unsere Dienstleistung nicht erbringen würden? Was würde in unserer Stadt fehlen, wenn die sozialen Dienste ihre Aufgabe nicht mehr machen? Und dann quasi durch die Lücke, die bewusst wird, merken, wofür sind wir eigentlich da? Oder zu versuchen, unsere Sehnsüchte zu formulieren im Bezug auf unsere Aufgabe. Wonach sehnen wir uns eigentlich? Also wirklich auch die großen Konzepte mal spielen zu lassen: Sehnsüchte, Träume, Wünsche und sie dann aber auch wieder zu konkretisieren, wie machen wir das jetzt"*, I 2, Z. 244–250). IP 5 ergänzt die Methode des Silent Clusterings, bei welchem jeder Teilnehmer erst die jetzige Situation aufschreibt und danach Gedanken zu der Vision sammelt (I 5, Z. 257–267). Eine weitere Methode, um eine Vision zu finden, sei die Arbeit mit Liberating Structures, insbesondere der 1–2–4–alle Methode (*„diese 1, 2, 4 Methoden oder überhaupt diese Methoden […]. Dass sich jede Person für sich zuerst mal kurz überlegt und etwas aufschreibt. Dann gehen die zu zwei zusammen und finden einen Konsens. Ja, nach den zwei Ideen, dann gehen sie zu viert zusammen und finden wieder einen Konsens. Und am Schluss dann alle"*, I 6, Z. 211–218). Außerdem könnte der Coach nach dem optimalen Zustand in der Zukunft fragen, um diesen geistlich konkret hervorzurufen und somit eine Vision zu finden (*„Sie sind in einem Jahr oder so muss man dann schauen, wie lange die Veränderung in etwa geht. Sind Sie im wichtigsten Branchen Magazin Ihrer Branche als Beispiel einer hervorragend gelungenen Veränderung. Welche Fragen würde der Interviewer Ihnen stellen? Auch das sind so Hinweise für die Vision oder: Wenn sie in einem halben Jahr ihren besten Freundinnen und Freunden erzählen, was sie erreicht haben. Was ist das denn? Wie würden Sie sagen, was Sie erreicht haben? In dem was Sie erreicht haben, ist häufig auch schon die Vision"*, I 6, Z. 222–229). Ebenso beschreibt auch IP 7, dass der Coach nach konkreten Auswirkungen der Vision fragen könnte und diese von Teilnehmern des Coachings ohne Buzzwords beschrieben werden sollen (I 7, Z. 286–297). IP 8 ergänzt die Arbeit mit der Wunderfrage, wobei Coachees den optimalen Zustand der Veränderung konkret beschreiben (*„Wie wäre es, wenn es gut wäre? Wie wäre es, wenn es optimal wäre? Man könnte hier mit der Wunderfrage auch sehr gut arbeiten"*, I 8, Z. 278–279).

K15: Interessensunterschiede

Um die Hürde von Interessensunterschieden bei der Entwicklung einer Vision zu berücksichtigen, sollten zuerst alle individuellen Interessen ergründet und gehört werden, um dann Gemeinsamkeiten herauszuarbeiten (I 2, Z. 260–271). Laut IP 3 können diese Interessensunterschiede mithilfe eines Perspektivwechsels oder zirkulären Fragen ergründet werden (*„Perspektivwechsel, weil auf so einer Ebene ist es natürlich so, dass sie schon auch wissen, dass Geschäft so gut kennen, dass sie auch wissen, was die anderen wollen. Und hier ist es dann ganz schön, wenn ich einfach mal die Rollen wechsle. […] Und man könnte es jetzt auch ein bisschen Business-Theater nennen. Das heißt, ich machte Marketingleiter, mache ich zum Chef den Chef, mal zum Vertriebler und lasse die mal im positiven Sinne formulieren, was sie denn aus der Sicht des anderen von der Vision erwarten […] zirkuläre Fragen, Was glaubst du, würde jetzt ein Kollege aus dem Vertrieb sagen, was das Ziel dieser Vision ist?“*, I 3, Z. 316–331). Dabei sei eine positive Formulierung wichtig, um die Argumentationen anderer Beteiligter zu verstehen (I 3, Z. 328–329). IP 5 und 7 beschreiben zur Ergründung unterschiedlicher Interessen, dass jeder Beteiligte seine Ideen bezüglich der Vision aufschreibt und in Form eines Workshops vorstellt. Um diese Interessen zu ergründen, schlägt IP 8 ein Einzelcoaching vor, in welchem folgende Fragen geklärt werden: *„Welche Interessen verfolge ich hin? Wo gibt es für mich auch tatsächlich auch Interessen, die ich verfolge zu denen, die ich jetzt, zu dem ich nicht so stolz bin? Was sind für mich welche, die ich nicht aufgeben möchte? […] Und wo gibt es für mich Handlungsspielraum? Dann auch die Frage: Welchen Hypothesen habe ich, dass die anderen, welche Interessen die anderen haben?“* (I 8, Z. 203–209). Danach solle nach gemeinsamen Nennern gesucht werden, wobei der Coach hier eher als Moderator fungiere. Bei dieser Vorgehensweise würde sich jeder Beteiligte gehört fühlen (*„alle zu Gehör kommen, dass die alle gleichermaßen gewertschätzt werden. Und ich glaube da, das wäre gar nicht so sehr Coaching, sondern lediglich Moderatoren von Gruppenprozessen und kleinster gemeinsamer Nenner“*, I 7. Z. 321–324).

K16: Wertschätzung

MA, welche aufgrund von Ängsten und Befürchtungen in den Widerstand gehen, sollten in einem Coaching laut IP 1 und 4 eine Wertschätzung ihrer Ängste vermittelt bekommen. IP 1 beschreibt, dass Ängste und Befürchtungen in einem Coaching zu Realität und Normalität gemacht werden sollten (I 1, Z. 297–281; I 5, Z. 98–115). IP 4 ergänzt, dass das Abschiednehmen von alten Strukturen ermöglicht werden sollte (I 4, Z. 316–320).

K17: Ergründung der Ängste

Vier der acht IP schlagen Interventionen vor, um Ängste von MA in Veränderungsprozessen zu ergründen. IP 1 geht hierbei auf die Arbeit mit Systemischen Fragetechniken ein, jedoch auch auf die Arbeit mit Visualisierungen. Es wird vorgeschlagen, die Angst als ein Monster zu malen, um einen Zugang zu der Angst zu legen, welcher über sprachliche Formulierung hinausgeht (*„seine Ängste so als Art Monster vorstellt und die dann eben ausgestaltet. Man auch ein Bild davon malt, wie sieht dein Monster aus?"*, I 1, Z. 286–287). Zusätzlich schlägt IP 1 die Verschlimmerungsfrage und Worst-Case-Szenarien vor, um die Ängste zu ergründen, da es Menschen leichter fällt, erst negative Auswirkungen zu ergründen, anstatt nach Verbesserungsvorschlägen zu suchen (I 1, Z. 294–304). Um Ängste näher zu ergründen könnte der Coach ebenso eine Verrückte Systemische Frage stellen oder die Angst als einen Film darstellen lassen, um einen Zugang zur Angst zu legen, der über rationale Aspekte hinaus geht (*„Da kommt man zum Beispiel fragen: Stell dir vor, du fährst und nächsten Montag wieder ins Büro. Woran würde dein Auto merken, dass das und das passiert ist? […] Eine dritte Alternative wäre […] dann mal die Situation als einfach einen Film darstellen zu lassen. Also welche Charaktere spielen mit? Wer sind die Guten? Wer sind die Bösen? Und daran merken sie schon, das sind immer Dinge, die versuchen noch mal einen anderen Zugang zu gewinnen als den reinen rationalen"*, I 1, Z. 304–311). Um herauszufinden, ob die Angst des MA nur im Unternehmenskontext besteht, oder ein persönliches Thema ist, könnte der Coach dazu anregen, die Situation in ein Paralleluniversum zu tragen (*„wo hast du das in deinem Leben auch schon mal erlebt? Oder kennst du das?"*, I 4, Z. 267–268). IP 6 ergänzt einige Methoden, um Ängste zu ergründen und beschreibt dabei, dass der Coach Beispiele von typischen Ängsten in Veränderungsprozessen nennen könnte und nach einer Skalierung fragen könnte, inwieweit diese beim MA zutrifft (I 4, Z. 294–295). Ängste könnten auch in einem Gruppencoaching ergründet werden, indem der Coach mit der 1–2–4-alle Methode oder den Forschungsgruppen aus den Liberating Structures arbeitet. So könnten Befürchtungen der MA oder Teams anonym gesammelt werden, wobei trotzdem jede Stimme gehört wird (*„1–2–4-alle arbeiten oder mit Forschungsgruppen. Also Forschungsgruppen würde heißen: Es sind zehn Leute im Team und dann denke ich mir vielleicht fünf Fragen aus. Was sind die Stärken des Teams? Was sind die Befürchtungen? Das muss ich dann schon ein bisschen wissen, was die Leute beschäftigt. Die Fragen müssen also für sie relevant sein. Und dann nehmen immer zwei Leute eine Frage zu sich und mit dieser Frage müssen sie alle anderen kurz interviewen. Dann kommen zum Beispiel Fragen wie: Was hast du für Befürchtungen? Oder auch: Was vermutest du gibt es für Befürchtungen bei uns im Team? Und dann wird das ein wildes Gewusel. Man interviewt, bis am Schluss alle etwas gesagt haben. So bleiben die Ergebnisse anonym und* *trotzdem haben wir die Stimmen von allen im Raum. Die zwei fassen dann mit ihrer Frage alles zusammen und dann hat man große Zusammenfassungen von diesen fünf bis zehn Fragen, wo jeder eigentlich sich einbringen konnte, ohne sich zu outen"*, I 6, Z. 296–308).

K18: Bedürfnisse

Neben der Ergründung der Ängste gehen vier von acht IP auf die Ergründung der Bedürfnisse der MA ein. IP 1 beschreibt hierbei, dass der Coach nach Informationen hinter der Angst suchen sollte, um zu erarbeiten, was für den MA erhalten bleiben sollte. Dabei sollten konkrete Szenarien durchgespielt werden, wie die tägliche Arbeit ohne die Angst aussähe und was der MA braucht, um erfolgreich zu sein (I 1, Z. 317–330; I 5, Z. 325–338). Daran anknüpfend beschreibt IP 7, dass sich der Einsatz der Wunderfrage eignet, um den optimalen Zustand zu ergründen. Die Vorstellung des perfekten Arbeitsplatzes sollte vom Coachee sehr konkret beschrieben werden, um die wichtigsten Bedürfnisse zu identifizieren (*„wenn jetzt die berühmte gute Fee käme und Sie dürften sich Ihren Traum-Arbeitsplatz jetzt hier bei Ihnen in der Firma gestalten, wie wäre der? [...] extrem konkret? [...] Was davon wird, zweiter Schritt, was leben Sie hier schon und davon die Top 3 die Must-Haves, was ist das allerwichtigste?"*, I 7, Z. 436–442). IP 3 schlägt für die Ergründung von Bedürfnissen Gruppencoachings mit einzelnen Teams vor, in welchen durch Systemische Fragetechniken (*„systemische Frage von Rogers: Was möchtest du bewahren, was jetzt schon gut läuft?"*, I 3, Z. 103–104) und der VW Regel der optimale Zielzustand beschrieben werden soll (*„Ängste analysieren und dann so ein Tool wie zum Beispiel die sogenannte VW Regeln zu nehmen, erst mal sammeln und dann in kleineren Workshops sagen: Okay, wenn du da jetzt einen positiven Wunsch draus formulieren kannst für die für diese Veränderung, was würdest du dir dann wünschen?"*, I 3, Z. 365–368). IP 6 ergänzt, dass vergangene positiv erlebte private und organisationale Veränderungen in Form von Change-Biografien in einem Coaching beleuchtet werden könnten, um Ressourcen und Bedürfnisse zu identifizieren (*„Change Biografien [...] Dann lasse ich sie eine Kurve zeichnen von Kindheit: Wann sind Veränderungen passiert? [...] Und da kann man fragen: Was hat dann bewirkt, dass eine Veränderung positiv erlebt wurde, positiv bewältigt wurde? Und was ist passiert bei den Veränderungen, die als dramatisch negativ erlebt wurden? Und so können sie Ressourcen aufbauen"*, I 6, Z. 106–115).

K19: Ängste abbauen

Vier von acht IP schlagen Coaching-Interventionen vor, um über die Identifikation von Ängsten und Bedürfnissen hinaus, bestehende Ängste abzubauen. Indem durch Worst-Case-Szenarien Ängste konkretisiert werden, erkennt der Coachee laut IP 2,

6 und 7, dass auch im schlimmsten Falle stets Handlungsalternativen bestehen und kann somit die Ängste abbauen (I 2, Z. 302–307; I 6, Z. 105–106; I 7, Z. 392–414). Dadurch dass die Angst somit konkrete Grenzen bekomme, wirkt sie für den Coachee kleiner (I 7, Z. 392–414). IP 4 beschreibt, dass der Coach ergründen sollte, ob Ängste mit Glaubenssätzen des Coachees verknüpft sind, denn dann könnten diese durch Glaubenssatzarbeit abgebaut werden (*„Liegt es an irgendeinem Glaubenssatz, dann machst du mit Glaubenssatz-Arbeit, dann versucht du das anders zu formulieren"*, I 4, Z. 284–285). Laut IP 6 und 7 könnten vergangene Situationen hervorgerufen werden, in denen diese Angst bereits bestand, um zu ergründen, wie der MA damals damit umgegangen ist und diese Ressourcen erneut zu stärken und Bedürfnisse zu identifizieren (*„Kennen Sie das von früher? Wann hat das besser geklappt, das im Griff zu haben? […] Was haben Sie damals gemacht? Ahh, das können Sie also? Wo können Sie denn da heute mit anfangen?"*, I 7, Z. 418–421). Außerdem könnten durch Perspektivwechsel weitere Handlungsalternativen erarbeitet werden (*„Wer kennt sie noch gut? Aha, ihre Frau kennt sie noch gut. Wenn ich jetzt ihre Frau fragen würde, was würde die Ihnen raten? Oder Ihren besten Kumpel oder ihren Vater? Also, dass der möglichst viele Handlungsalternativen hat, mit konkreten Situationen umzugehen, weil sie mehr Handlungsalternativen, desto größer ist die Wahl"*, I 7, Z. 421–425). Wenn Ängste und Bedürfnisse identifiziert wurden, kann laut IP 7 und 8 der Coach mit dem MA durch Rollenspiele üben, wie dieser die Ängste und Bedürfnisse bei der FK einbringen kann (I 7, Z. 442–453, I 8, Z. 264–276).

K20: Integration der Führung
Vier der acht IP erläutern bezüglich Ängste und Befürchtungen von MA, dass diese vollends nur durch eine Integration der FK abgebaut werden können. Laut IP 2, 3 und 6 könne ein Coach zwar die Ängste ergründen und sammeln, jedoch seien oft fehlende Informationen ein Auslöser dieser Angst, welche letztlich nur von der FK kommen können (I 2, Z. 310–314; I 3, Z. 443–450; I 6, Z. 321–325). Auch IP 3 betont, dass *„Sicherheit nur die Vorgesetzten schaffen"* können (I 3, Z. 450). Deshalb schlagen IP 2 und 3 einen Workshop vor, in dem Ängste offen thematisiert werden und die FK auf die Ängste eingeht. In solch einem Workshop fungiere der Coach eher als Moderator, könne aber im Vorhinein die FKs darauf vorbereiten, wie sie Ängste ihrer MA am besten adressieren (I 3, Z. 345–350). Dabei sei es ebenfalls wichtig, dass sich FKs mit ihren Ängsten auseinandersetzen und diese in dem Workshop authentisch teilen, um MA zu motivieren, auch ihre Ängste anzusprechen (I 7, Z. 381–392).

K21: Methoden zur Ressourcenidentifikation

Zur Identifikation von förderlichen Ressourcen eines Unternehmens oder einzelner Teams, um MA zu motivieren die Veränderung weiter voranzutreiben und bereits erzielte Erfolge zu würdigen, jedoch auch neue Veränderungspotentiale zu entdecken, schlägt jeder IP mögliche Coaching-Interventionen vor. IP 1 und 3 erläutern, dass Ressourcen anhand von Bezügen zur Vergangenheit identifiziert werden können und benennt dabei die Seestern-Retrospektive (*„Seestern Retrospektive, wo man fünf verschiedene Felder hat. Da geht es dann darum: Wovon wollen wir mehr? Was wollen wir also von dem, was wir schon haben wollen wir mehr? Wovon wollen wir eher weniger? Was wollen wir neu ausprobieren? Also man hat dann verschiedene Felder und ein Großteil dieser Felder greift aber immer auch das auf, was schon an Positivem da ist“*, I 1, Z. 347–351). Hierzu eignen sich laut IP 4 besonders Gruppencoachings mit einzelnen Teams. IP 2 schlägt als Setting einen Workshop vor, indem konkrete Verhaltensweisen aufgezeigt werden, die gut funktionieren (I 2, Z. 328–334). Laut IP 4 und 5 könnten Ressourcen und Hindernisse sehr gut durch Journaling identifiziert werden und anschließend erarbeitet werden, welche von diesen Punkten beibehalten oder verabschiedet werden sollten (*„schreibst du das so ein bisschen auf und dann kannst du dazu sagen […] Okay, die Sachen, die lasse ich im alten Kontext und schmeißt sie weg. Das ist übrigens auch was schönes, wenn du da in Gruppen arbeitest in Veränderungen, dass du ebenso Boxen packst. Also dass du visualisiert verschiedene Sachen hast. Was wollen wir aus der alten Welt mitnehmen in die neue? Was lassen wir in der alten Welt, weil es hinderlich war? Das kommt in die Kiste oder in den Müllsack. Das kannst du auch richtig visualisieren, den Müllsack. Und das andere ist etwas, das war toll, das wollen wir mitnehmen“*, I 4, Z. 306–316). Durch Journaling würden laut IP 5 auch zurückhaltende MA zu Wort kommen (I 5, Z. 433–440). Sollte es Coachees schwerfallen, Ressourcen zu finden, könnten laut IP 4 auch Perspektivwechsel eingebaut werden, welche auf individueller, sowie auf Teamebene funktionieren (*„nicht selbst darauf kommt zu sagen: Wie würde denn ein Freund dich beschreiben und was würde dein ein Kollege sagen? Warum sollst du diesen Job machen? Oder warum bist du gut in diesem Job? Auch da wieder so Perspektivwechsel einbauen“*, I 4, Z. 322–326). IP 6 geht näher auf das Aufschreiben von Ressourcen ein, wobei Stärken eines Teams oder eines einzelnen Teammitglieds bezogen auf die Veränderung aufgeschrieben werden und daraus konkrete Maßnahmen entwickelt werden können (*„die drei wichtigsten Stärken aufzuschreiben von dieser Person oder dem Team. Wodurch bereichert die Person das Team? Weshalb ist diese Person in dem Team wichtig? Dann haben alle ihre Ideen auf einen Zettel geschrieben und sind aufgestanden und haben diesen hingelegt, dann hatte man einen ganzen Strauß an Zetteln vor sich mit all diesen Qualitäten, die andere an einem erkennen. […] Mit all diesen Qualitäten, wenn* *du jetzt in die Zukunft schaust in diesem Veränderungsprozess: Was glaubst du wie könntest du hilfreich sein für die Veränderung und das Team? Also auch wieder auf eine konkrete Ebene bringen"*, I 6, Z. 343–350). Ähnlich beschreibt es auch IP 7 und nennt Journaling der Stärken von Einzelpersonen oder Teams als eine wirksame Intervention (*"als Coach fragen zum Beispiel: Wenn Sie an Ihre letzten drei Monate denken, welche 10 Erfolge konnten sie vermerken? [...] Bei Ressourcen würde ich es auch wieder machen wie vorhin gesagt: Wann sind Sie mit so einer Situation schon mal besser umgegangen? Was haben Sie da gemacht? Ressourcen stärken mache ich gerne auch in Gruppen. Also Mitarbeiter, die sich dann die warmen Duschen geben. Ich habe das in einem Workshop mal so gemacht: Abwechselnd einer aus dem Team saß vorne, mit dem Rücken zu den anderen, sodass sie sein Gesicht nicht gesehen haben, und die anderen haben einen Zettel bekommen und sollten aufschreiben, was sie für Stärken an demjenigen sehen. Eigentlich ganz banal. [...] Und dann zu identifizieren: Kommen die Stärken eigentlich alle zum Tragen? Oder hat vielleicht Peter die Stärke und der könnte das und das Projekt viel besser machen? Dass man da auch wieder konkrete Maßnahmen entwickelt"*, I 7, Z. 643–483).

K22: Verfahren für kollektive Lösungsfindungen
Sechs der acht IP gehen näher auf Verfahren für kollektive Lösungsfindungen ein, um mit MA gemeinsam nach Lösungen für Probleme oder neuen Veränderungsinitiativen zu suchen. IP 1 benennt dabei die 3-W-Methode, um den jetzigen Zustand der Organisation zu bewerten und gemeinsam nach neuen Lösungen zu suchen (*"eine Methode, die man mit den drei Ws bezeichnet. Eigentlich geht es um drei Fragen: What? So what? Now what? [...] "What" würde zum Beispiel abfragen: Wie ist die Situation gerade im Moment? Erst mal nur beschrieben. "So what" wäre: Und was bedeutet das für uns? Also welche Informationen stecken da für uns drin woraus wir Schlüsse ziehen können? Da geht es jetzt darum zum Beispiel Veränderungspotential zu identifizieren und erst zum Dritten Schritt "Now what", da würde es darum gehen: Was machen wir jetzt also damit? Und da können man dann beginnen und bestimmte Ansätze, Beschlüsse, Maßnahmen finden, die man angeht, die man dann auch vereinbaren kann, um Veränderungen herbeizuführen"*, I 1, Z. 363–372). Zusätzlich schlägt IP 1 das Systemische Konsensieren vor, bei welchem der Widerstand für potentielle Lösungen gemessen wird (*"systemische Konsensieren. Das funktioniert so, dass man zum Beispiel für drei Optionen macht eine Tabelle auf und jeder Beteiligte gibt inneren Widerstand gegen die Optionen an. Man misst nicht Zustimmung, sondern Widerstand. [...] Das ist eine Methode, die zapft halt die sogenannte kollektive Intelligenz an, statt alles in dem Kopf der eigenen Führungskraft gegeneinander abwägen zu lassen."*, I 1, Z. 168–278). IP 1 ergänzt zur Evaluierung von Lösungsvorschlägen Voting-Verfahren, insbesondere

das Dot-Voting-Verfahren. Solche Methoden eigenen sich für größere Workshops, aber auch Gruppencoachings von Teams (I 1, Z. 376–383). IP 2 benennt die Double Diamond Methode, um im Kollektiv nach Lösungen zu suchen und gleichzeitig gezielte Maßnahmen zu entwickeln (I 2, Z. 342–355). Auch IP 3 benennt Workshops als gutes Mittel für kollektive Lösungsfindungen, bei denen der Coach eher als Moderator fungiert, mehrere Hierarchieebenen zusammenbringt und eine Haltung auf Augenhöhe verkörpern soll (I 3, Z. 520–538). IP 4 beschreibt einen weiteren Ansatz, wobei Probleme erst von allen beteiligten MA verstanden werden sollen, indem diese auf eine weniger rationale Ebene übertragen werden. Dafür schlägt IP 4 vor, das Problem zu visualisieren, als Theaterstück oder Film aufführen zu lassen, sowie Metaphern dafür zu finden (I 4, Z. 352–372). Als Ergänzung dazu benennt IP 6 Liberating Structures Methoden, wie die 1–2–4-alle Methode und die Forschungsgruppen als hilfreich, um an die Essenz für kollektive Lösungsideen zu gelangen (I 6, Z. 369–371). Übergreifend beschreibt IP 1, dass MA-Einbezug automatisch entstehe, wenn MA verstehen, weshalb Veränderung nötig ist, sie an der Entwicklung der Vision mitarbeiten und diese verstehen und offen über ihre Ängste sprechen können (I 1, Z. 382–387).

K23: Buy-In der Führungskräfte
Vier der acht IP beziehen sich im Kontext der kollektiven Lösungsfindung und Mitbestimmung von MA auf das Buy-In der FKs. IP 6 und 8 erklären dabei, dass es wichtig sei, in einem Coaching mit FKs zu klären, wo Mitbestimmung tatsächlich gewünscht ist und wo nur die Führung alleine entscheiden kann. Laut IP 1, 6 und 8 sei Mitbestimmung nur förderlich und könne Vorteile für die Organisation generieren, wenn der Mitbestimmungsgedanke von den FKs ernst gemeint sei. Ist dieser nur vorgespielt, sei es noch frustrierender für MA (I 6, Z. 358–371; I 8, Z. 302–315; I 1, Z. 386–389). In einem Coaching mit der FK sollte diese ermutigt werden, Entscheidungen und Lösungen im Kollektiv entstehen zu lassen (I 1, Z. 150–160).

K24: Übergreifende Herausforderungen und Voraussetzungen
Übergreifend für alle Forschungsfragen gibt es generelle Herausforderungen, welche für Coachings in Veränderungsprozessen gelten. Damit verknüpft beschreiben IP Voraussetzungen, welche für ein Gelingen dieser Coaching-Prozesse gegeben sein müssen. Bezüglich aller Coaching-Interventionen in einem Veränderungsprozess beschreibt IP 7, dass es neben der Sinnhaftigkeit von zeitlichen und budgetären Ressourcen des Unternehmens abhängt, ob Coachings für einzelne MA, Teams oder nur FKs angeboten werden können (*„Ja, es ist halt schlichtweg auch die Frage: Kann sich eine Firma das Coaching für jeden Mitarbeiter leisten oder kann sich eine Firma eher das Coaching für die Führungskräfte leisten?"*, IP 7, Z. 63–65). Auch IP 3 und

4 nennen die Unternehmensgröße als entscheidenden Faktor dafür, wie viele MA gecoacht werden können (I 3, Z. 494–503; I 4, Z. 133–141). Für jedes Coaching gilt es laut IP 5 jedoch als Voraussetzung, dass der Coachee offen für das Coaching ist und dieses tatsächlich möchte (IP 5, Z. 356–364). Zusätzlich erläutern IP 2, 5 und 8, dass jeder Coach anders arbeitet und für manche Situationen oder Herausforderungen keine bestimmten Interventionen benannt werden können, sondern diese sich aus dem Gespräch heraus ergeben, wobei auch die Erfahrungswerte des Coachs eine Rolle spielen (I 2, Z. 106–109; I 5, Z. 137–138; I 8, Z. 88–90). Ob die von der Autorin dieser Arbeit identifizierten Herausforderungen in Veränderungsprozessen durch Coaching-Interventionen bearbeitet werden können, hängt laut IP 3 und 6 von der Kultur des Unternehmens ab (I 3, Z. 494–502; I 6, Z. 358–371). IP 3 erläutert als Voraussetzung die Bereitschaft in Coaching-Maßnahmen zu investieren, welche nicht bei jedem Unternehmen bestehe. Außerdem sei von der Kultur des Unternehmens abhängig, welche genauen Interventionen gewählt würden (I 3, Z. 494–502). Zusätzlich wird betont, dass FK-Coachings nicht von der obersten Hierarchieebene verordnet werden solle, um diese belastbarer oder effizienter zu machen (I 3, Z. 240–253).

Diskussion

5

In diesem Kapitel werden die in Abschnitt 2.7 entwickelten Forschungsfragen anhand der gewonnenen Ergebnisse beantwortet. Dabei werden die Ergebnisse aus den Experteninterviews unter Aspekten des bisherigen theoretischen Forschungsstandes diskutiert und damit abgeglichen. Nachdem die Forschungsfragen beantwortet wurden, werden finale Aussagen zur Beantwortung der Haupt-Forschungsfrage[1] getroffen. Es wird in diesem Zuge ein Leitfaden vorgestellt, welcher geeignete Coaching-Interventionen identifiziert, um die in verschiedenen Stufen des CM-Modells nach Kotter (1996) auftretenden Herausforderungen zu bearbeiten. Letztlich wird dabei ein ganzheitlicher Coaching-Prozess entworfen, welcher CM begleiten und erfolgreicher gestalten soll.

F1: Inwieweit und mit welchen Interventionen kann SC unterstützen, unternehmensweit ein Verständnis für die Dringlichkeit des Wandels zu erzeugen?
Um diese Forschungsfrage zu beantworten, ist eine erneute Betrachtung der damit zusammenhängenden Herausforderungen eminent (Abschnitt 2.3). Zum einen haben MA Schwierigkeiten, die Konsequenzen eines Verharrens des Unternehmens im Ist-Zustand zu verstehen. Darüber hinaus erkennen sie nicht ihre individuellen Vorteile der Veränderung und verlassen ihre Komfortzone nicht, sondern präferieren

---

[1] Inwieweit und mit welchen Interventionen kann SC Veränderungsprozesse unterstützen, um diese erfolgreich anzustoßen und auftretende Herausforderungen zu meistern?

Ergänzende Information Die elektronische Version dieses Kapitels enthält Zusatzmaterial, auf das über folgenden Link zugegriffen werden kann https://doi.org/10.1007/978-3-658-39127-0_5.

das Festhalten an Gewohnheiten. Um diese Herausforderungen mit SI zu bearbeiten und letztendlich unternehmensweit ein Verständnis für die Dringlichkeit des
Wandels zu erzeugen, sind die Aussagen der Kategorien 1–5 relevant.

Um ein höheres Verständnis für die Veränderungsnotwendigkeit zu schaffen,
sollte sich jeder MA zur Veränderungsnotwendigkeit äußern und austauschen können. Als Coaching-Intervention eignet sich die Arbeit in Kleingruppen, in welchen
vorerst alle Perspektiven der MA gehört werden sollten. Danach kann daraus
gemeinsam abgeleitet werden, was die Veränderung für jedes Team oder jeden
MA konkret bedeutet. Um dies auch in großen Unternehmen umzusetzen, können dafür Repräsentanten aus einzelnen Teams zusammenkommen. Wenn diese
Repräsentanten, welche aus allen Ebenen des Unternehmens stammen sollten,
die Veränderungsnotwendigkeit verstanden haben, ist es wahrscheinlich, dass sie
ebenso ihre Teammitglieder davon überzeugen können und die Dringlichkeit in einer
für das Team verständlichen Sprache kommunizieren können. In diesem Gruppencoaching mit Teams oder deren Repräsentanten eigne sich die Rundum-Frage, um
alle Perspektiven zu hören und das individuelle Erleben zu schildern. Darüber hinaus
seien Perspektivwechsel und zirkuläre Fragen eine geeignete SI, um das Verständnis für die Dringlichkeit des Wandels zu erhöhen. Durch Rollenspiele, in welchen
sich Teammitglieder in die Rolle der Geschäftsleitung versetzen, welche meist die
Change-Initiatoren sind, kann die Veränderungsnotwendigkeit besser verstanden
werden.

Um das Verlassen der Komfortzone zu ermutigen, gilt es, in Coaching-Sitzungen
mit MA diese vorerst konkret zu ergründen. Hier kann ein Coach, je nach Ressourcen des Unternehmens, mit einzelnen MA im Individualcoaching oder mit Teams
in Gruppencoachings arbeiten. Um Aufgaben zu identifizieren, mit welchen sich
MA wohlfühlen und erste Handlungsalternativen in Richtung der Veränderung zu
identifizieren, sollte im Coaching eine durchschnittliche Arbeitswoche beschrieben
werden und dabei darauf geachtet werden, welche Schritte dem Coachee leicht-
fallen könnten. Zur begleitenden Visualisierung eignet sich hierbei die Arbeit mit
dem Lernzonen-Modell nach Senninger (2000), um eine graduelle Unterscheidung
zwischen akzeptablen ersten Schritten für den Coachee und überfordernden Veränderungen zu erlangen. Um zusätzlich das Verlassen der Komfortzone zu erleichtern,
kann gemeinsam erarbeitet werden, dass berufliche und private Veränderungen und
begleitende Unsicherheiten normal sind. Zudem können Ressourcen der einzelnen
MA identifiziert werden, welche ihnen in vergangenen beruflichen oder privaten
Veränderungen geholfen haben. In diesen Workshops sollten sich MA durch positives Feedback bestärken und somit ermutigt werden, die eigene Komfortzone zu
verlassen. Außerdem ist eine authentische Kommunikation der Veränderungsnotwendigkeit durch die FKs wichtig. Um FKs dazu zu ermutigen, eignet sich ein

vorheriges FKs-Coaching. Hier sollte in einem Gruppencoaching mit FKs die Sinnhaftigkeit des Wandels bildhaft erarbeitet werden und auf alle Ebenen der MA
runtergebrochen werden. Durch zusätzliche Rollenspiele können FKs die Kommunikation der Veränderungsnotwendigkeit üben, indem sie sich in die Rolle der
MA versetzen und so kommunizieren, als wären diese anwesend. Dabei ist es
wichtig, dass der Coach darauf achtet, dass keine Buzzwords mehr verwendet werden, sondern sprachliche Formulierungen gewählt werden, die jeder MA versteht.
Um den Veränderungsbedarf besser zu argumentieren, können diese Argumente
in einem Coaching mit dem Pyramiden Prinzip erarbeitet werden. Zusätzlich zu
FKs-Coachings, eignen sich Gruppencoachings mit einzelnen Teams, in denen die
Veränderung auf die Ebene der einzelnen MA runtergebrochen wird, um zu überprüfen, ob sie die Veränderungsnotwendigkeit tatsächlich verstanden haben. In diesen
Gruppencoachings sollte ebenfalls erarbeitet werden, welche Informationen den
MA noch fehlen und welcher der richtige Adressat dafür ist, um einen Informationsfluss herzustellen. Da MA Schwierigkeiten haben, ihre individuellen Vorteile
der Veränderung zu erkennen, kann SC hier unterstützen, indem vorerst der Kontakt
der einzelnen MA zu sich selbst hergestellt wird. In Individualcoachings oder Gruppencoachings, je nach Ressourcen der Unternehmen, sollten Werte und Ziele der
betroffenen MA geklärt werden und auf die Veränderung bezogen werden. Hier gilt
es zu erarbeiten, ob die Veränderung mit den Zielen des MA kongruent sind oder ob
dieser dafür sorgen kann, dass die Veränderung für ihn vorteilhaft wird. Sollten keine
individuellen Vorteile erkannt werden, eignet sich hier als Coaching-Maßnahme
die Stärkung der Selbstwirksamkeit, wobei der Umgang mit der Veränderung im
Coaching thematisiert wird. Als Coaching-Intervention eignet es sich, mit den Emotionen der MA zu arbeiten, sowie Perspektivwechsel einzusetzen, in denen MA eine
ähnliche Veränderungssituation im Privatleben und ihren Umgang damit hervorrufen. Eine weitere Coaching-Möglichkeit, um mit MA ihre individuellen Vorteile zu
erarbeiten, ist das positive Programmieren, sowie Reframing-Techniken, wobei MA
aktiv versuchen, eine positive Verbindung zwischen der Veränderung und sich herzustellen. Um Zukunftswünsche der betroffenen MA zu identifizieren, kann der Coach
vorerst die jetzige Zielerreichung anhand von Skalierungsfragen, sowie mit all-
tagsnahen und konkreten Fragen zur beruflichen Biografie messen. Ebenso können
durch Systemische Fragen Arbeitsinhalte und -abläufe identifiziert werden, welche
erhalten bleiben sollen. Darüber hinaus ist eine hilfreiche Intervention die Aufstel-
lungsarbeit, in welcher der alte Systemzustand mit dem neuen Zustand verglichen
werden kann und somit Vorteile des neuen Zustandes herausgearbeitet werden können. Wenn MA die Chance bekommen, an den Vorteilen der Veränderung, und
insbesondere an ihren individuellen Vorteilen, zu arbeiten, dann verstärkt sich das
Verständnis für die Dringlichkeit des Wandels. Unterstützend kann ein Workshop

vorbereitet werden, in welchem sich MA die für sie individuelle Bedeutung der Veränderung und dessen Vor- und Nachteile erschließen können. In diesem Workshop eignet sich Collagen-Arbeit, wobei MA aktiv an den Auswirkungen der Veränderung arbeiten, sowie darüber diskutieren. Dabei fungiert der Coach lediglich als Moderator.

Bei dem Abgleich der aus dieser Forschung gewonnen Erkenntnisse mit dem bisherigen Forschungsstand (Abschnitt 2.6) wird deutlich, dass auch dort Rollenspiele, Perspektivwechsel und zirkuläres Fragen als SI genannt wurden, um die Veränderungsnotwendigkeit für MA zu verdeutlichen, indem sie ihre Umwelt aus den Augen der Geschäftsführung bewerten. Ebenso finden sich Parallelen im Erarbeiten der individuellen Vorteile der MA, wo der Forschungsstand vorschlägt, Zielvorstellungen positive Aspekte des Wandels durch Reframing-Techniken zu erarbeiten. Somit konnten erste Erkenntnisse des bisher wenig untersuchten Forschungsstandes (Bickerich & Michel, 2016) empirisch unterlegt, sowie durch weitere Coaching-Möglichkeiten und Interventionen ergänzt werden, welche sich gezielter auf die in Abschnitt 2.3 identifizierten Herausforderungen beziehen. In Tabelle 5.1 werden die für F1 relevanten Coaching-Maßnahmen für identifizierte Herausforderungen zusammengefasst, sowie, wenn vorhanden, durch wirksame Interventionen und relevante Fragetechniken angereichert. Die in diesem Kapitel genannten Interventionen werden in Anhang 4 im elektronischen Zusatzmaterial näher erläutert.

F2: Inwieweit und mit welchen Interventionen kann SC dazu beitragen, die FK zu stärken, um das Vertrauen in sie zu erhöhen?
Fehlendes Vertrauen in die FKs als Change-Initiatoren rührt daher, dass FKs nicht optimistisch genug auftreten, da es ihnen oftmals an Selbstvertrauen fehlt. Sie sind unsicher und haben häufig Angst vor Fehlentscheidungen. Außerdem sind FKs in Veränderungen durch zusätzlichen Stress geplagt und oftmals nicht resilient genug, um mit diesem umzugehen und gleichzeitig Widerstände konstruktiv zu bearbeiten (Abschnitt 2.3). In Anbetracht dieser Herausforderungen, sind zur Beantwortung von F2 die Kategorien 6–12 relevant.

Um das Selbstvertrauen von FKs zu stärken, können in einem Coaching die Kompetenzen der FK erarbeitet und Ressourcen gestärkt werden. Durch positives gegenseitiges Feedback von MA zur FK und umgekehrt, wird das Selbstvertrauen gleichzeitig von MA und FK gestärkt. Darüber hinaus sollten im Einzelcoaching anhand der Lebenslinien-Arbeit mit der FK Bezüge zu vergangenen erfolgreichen Veränderungen hergestellt werden, welche die FK bereits bewältigt hat. An dieser Stelle sind auch Bezüge zu positiven Situationen, welche nicht in Verbindung mit einer Veränderung standen, eine gute Intervention, um das Selbstvertrauen der FK zu stärken und ihre Ressourcen zu ergründen. Eine weitere Möglichkeit, um

Tabelle 5.1 Coaching-Möglichkeiten und Interventionen für die Dringlichkeit des Wandels. (Eigene Darstellung)

Inwieweit und mit welchen Interventionen kann SC unterstützen, unternehmensweit ein Verständnis für die Dringlichkeit des Wandels zu erzeugen?

Zentrale Herausforderung	Gegenstand des Coachings	Interventionsbeispiele	Zielgruppe des Coachings
MA erkennen die Konsequenzen des Verharrens im Ist-Zustand nicht	– MA die Chance geben, sich über Veränderungsbedarf auszutauschen – Perspektiven der MA Raum geben – Gemeinsam ableiten, was die Veränderung für Teams und MA konkret bedeutet	**Rundum-Fragen:** Jeder Anwesende beantwortet die selber Frage, um alle Perspektiven zu hören, die anderen Anwesenden hören zu – Wie erlebst du die Situation? – Was bedeutet das für uns als Team?	Gruppencoaching von einzelnen Teams oder Repräsentanten aus mehreren Teams
	– MA die Umwelt durch die Augen der Change-Initiatoren wahrnehmen lassen	**Perspektivwechsel, Rollenspiele und zirkuläre Fragen:** – Was würdest du tun, wenn…? – Weshalb vermutest du, dass die Führung die Veränderung möchte? – Angenommen, du wärst die Geschäftsleitung und schaust auf dich und die anderen an der Veränderung Beteiligten. Wie würdest du die Situation handelnden Personen bewerten? Was würdest du empfehlen?	Gruppencoaching von einzelnen Teams oder Repräsentanten aus mehreren Teams
	– Authentische Kommunikation durch FK erarbeiten – Sinnhaftigkeit des Wandels auf alle MA-Ebenen runterbrechen	**Rollenspiele** – FK versetzt sich in die Lage der MA – FK übt Kommunikation, als wären MA anwesend **Argumentation üben mit dem Pyramiden Prinzip üben** – Kernaussage durch drei wichtigsten Argumente stützen und zu diesen wieder drei Unter-Argumente finden, die mit Zahlen, Details und Fakten die Argumente anreichern	Gruppencoachings mit FKs als Change-Initiatoren

(Fortsetzung)

Tabelle 5.1 (Fortsetzung)

Inwieweit und mit welchen Interventionen kann SC unterstützen, unternehmensweit ein Verständnis für die Dringlichkeit des Wandels zu erzeugen?

Zentrale Herausforderung	Gegenstand des Coachings	Interventionsbeispiele	Zielgruppe des Coachings
	– Informationsfluss herstellen und sammeln, welche Informationen fehlen und wer der richtige Ansprechpartner dafür sein könnte	Keine konkreten Interventionen vorgeschlagen	Gruppencoaching von einzelnen Teams oder Repräsentanten aus mehreren Teams
MA erkennen individuelle Chancen und Vorteile nicht	– Kontakt der einzelnen MA zu sich selbst wieder herzustellen – Werte und Ziele der MA klären – Bewusstmachen der aktuellen Situation	**Fragetechniken zu den Werten:** – Was deine Ziele, welches sind deine Werte? – Wofür stehst du und wofür nicht? **Skalierungsfragen:** – Von 0 bis 10, wo stehst du jetzt im Bezug auf deine Ziele? – Wie könntest du dir vorstellen so einen Schritt weiterzukommen? **Konkrete Klärungsfragen zur eigenen (beruflichen) Biografie:** – Wo in den letzten Monaten warst du richtig glücklich? – Wo in den letzten Monaten war es richtig schlimm? – Wonach hast du dich gesehnt in der letzten Zeit?	Einzelcoaching mit betroffenen MA oder Gruppencoaching mit einzelnen Teams (je nach Ressource)

(Fortsetzung)

Tabelle 5.1 (Fortsetzung)

Inwieweit und mit welchen Interventionen kann SC unterstützen, unternehmensweit ein Verständnis für die Dringlichkeit des Wandels zu erzeugen?

Zentrale Herausforderung	Gegenstand des Coachings	Interventionsbeispiele	Zielgruppe des Coachings
	– Zukunftswünsche der MA ergründen – Den optimalen Zustand einer Veränderung ergründen	**Fragetechniken:** – Was würdest du dir denn wünschen für deinen zukünftigen Arbeitsplatz? – Was würde dich denn besonders motivieren, morgens zur Arbeit zu gehen? – Was würde es noch ein Stück besser machen als der Tag heute? – Wenn sie jetzt schon gut ist, was möchtest du dem bewahren, was schon gut ist? – Was stört dich aktuell?	Einzelcoaching mit betroffenen MA oder Gruppencoaching mit einzelnen Teams (je nach Ressource)
	– Veränderung auf die eigenen Ziele und Vorteile beziehen	**Fragetechniken:** – Wie kannst du durch die Veränderung deine Ziele erreichen? – Wie kannst du dafür sorgen, dass die Veränderung für dich vorteilhaft wird? **Positives Programmieren und Reframing-Techniken** **Aufstellungsarbeit der neuen und alten Ordnung im Bezug zu den individuellen Vorteilen**	Einzelcoaching mit betroffenen MA oder Gruppencoaching mit einzelnen Teams (je nach Ressource)
		Collagen-Arbeit zur Vor- und Nachteilen in einem Workshop	Workshops in Temas, Coach fungiert hier nur als Moderator

(Fortsetzung)

Tabelle 5.1 (Fortsetzung)

Inwieweit und mit welchen Interventionen kann SC unterstützen, unternehmensweit ein Verständnis für die Dringlichkeit des Wandels zu erzeugen?

Zentrale Herausforderung	Gegenstand des Coachings	Interventionsbeispiele	Zielgruppe des Coachings
MA halten an Gewohnheiten fest und verlassen Komforzone nicht	– Komfortzone der MA konkret ergründen und operationalisieren – Identifizieren, mit welchen Arbeitsinhalten und -umständen sich MA wohlfühlen – Erste Handlungsschritte in Richtung der Veränderung identifizieren	**Fragetechniken:** – Wo steht überhaupt der Zaun, der dein Komfortzone umringt? – Was ist drin, mit welchen Kontexten, Aufgaben oder Leuten fühlst du dich wohl? Mit welchen Anforderungen? – Also was ist das, wo du dich wohlfühlst und wo sind Herausforderungen, an die du dich noch nicht ganz ran traust? – Wo sind Leute, mit denen du dich unwohl fühlst oder Schwierigkeiten hast? – Was sind Aufgaben, die du nicht magst oder dir nicht zutraust? **Beschreiben einer durchschnittlichen Arbeitswoche und gezielte Fragetechniken:** – Welche Dinge nerven dich, die du jetzt anders machen sollst? – Welche Schritte fallen dir vielleicht gar nicht schwer? Wo ich sage: Ah okay, die Veränderung würdest du mitmachen? **Visualisierung der Komfortzone mit dem Lernzonen-Modell nach Senninger (2000) und Fragetechniken dazu** – Bei welcher Veränderung würdest du sagen: Das versuche ich mal? – Und was sind wirklich auch Veränderungsschritte, die du nicht mitmachen würdest? – Was ist der Schritt, den du machen kannst und was brauchst du, damit du dich auf einen ersten kleinen Schritt mal einlassen kannst?	Einzelcoaching mit betroffenen MA oder Gruppencoaching mit einzelnen Teams (je nach Ressource)

(Fortsetzung)

Tabelle 5.1 (Fortsetzung)

Inwieweit und mit welchen Interventionen kann SC unterstützen, unternehmensweit ein Verständnis für die Dringlichkeit des Wandels zu erzeugen?

Zentrale Herausforderung	Gegenstand des Coachings	Interventionsbeispiele	Zielgruppe des Coachings
	– Ressourcen identifizieren und stärken, um zum Verlassen der Komfortzone zu ermutigen – Erarbeiten, dass Veränderungen und begleitende Unsicherheiten immer wieder vorkommen	**Identifikation von Ressourcen durch Fragetechniken:** – Welche Erfahrungen hast du gemacht im Umgang mit solchen Situationen? – Welche Ressourcen kannst du aktivieren? – Wie kannst du diese Erfahrungen nutzen als Kompetenz? – Wie gehst du damit um, wenn etwas Neues auf dich zukommst, was du noch gar nie hattest? – Was wäre ein erster Schritt? Wie willst du das ausprobieren? **Bezüge zu vergangenen Veränderungen schaffen** – Was hat dir in früheren privaten oder organisationalen Veränderungen geholfen? – Wünschst du dir den alten Zustand zurück? – Erinnerst du dich an eine Situation wo du tatsächlich mal ins Unbekannte gesprungen bist und es ist richtig super gewesen danach, besser als du gedacht hast?	Einzelcoaching mit betroffenen MA oder Gruppencoaching mit einzelnen Teams (je nach Ressource)

das Selbstvertrauen zu stärken, sind zirkuläre Fragen, wobei die FK aus der Perspektive von anderen Personen positive Eigenschaften an sich erläutert. Ebenso sollte das Coaching mit der FK genutzt werden, um unrealistische Ideale zu streichen und realistische Zielvorstellungen zu schaffen. Dazu eignet sich besonders ein Perspektivwechsel, wobei die FK aus der Rolle eines MA erklärt, was dieser sich von der FK wünscht. Selbstvertrauen in Veränderungsprozessen wird außerdem durch eine authentische Kommunikation und Identifikation mit der Veränderung geschaffen, weshalb diese in einem Coaching thematisiert werden sollte. Es gilt, die FK in Kontakt mit ihren Gefühlen zu bringen und Unsicherheiten zu erkennen, um diese authentisch nach außen tragen und kommunizieren zu können. In einem Einzel- oder Gruppencoaching mit FKs kann dies erarbeitet werden und Unsicherheiten Raum und Wertschätzung geboten werden. Allerdings werden dafür keine konkreten Coaching-Interventionen vorgeschlagen. Darüber hinaus entsteht Selbstvertrauen durch das Wissen über den Umgang mit Widerständen und Konflikten, weshalb dies ebenso Teil des FKs-Coachings sein sollte. Daran anknüpfend ist es hilfreich, dass FKs einige Coaching-Kompetenzen und bestimmte Fragetechniken lernen, welche vorher in einem Coaching mit einem externen Coach erarbeitet werden.

Die Angst vor Fehlentscheidungen kann ebenso in einem Coaching thematisiert und zum Abbau dieser Angst beigetragen werden. Zum einen gilt es, die FK im Coaching zu ermutigen, Handlungsmöglichkeiten und Sachentscheidungen im Kollektiv mit den MA zu evaluieren. Wie kollektiv Handlungs- und Lösungsmöglichkeiten gefunden werden können, wird unter genauer F6 beantwortet. Um zum anderen gleichzeitig jedoch an der FK selber anzusetzen und Entscheidungsfindungen zu erleichtern, können in einem Einzelcoaching mit ihr Handlungsalternativen und damit verbundene Auswirkungen und dessen Körperwahrnehmungen ergründet werden. Dabei ist es die Aufgabe des Coachs, den Zugang der FK zu den eigenen Emotionen, sowie dem Bauchgefühl, herzustellen. Anknüpfend daran sollte im Coaching ergründet werden, woher die Angst vor Fehlentscheidungen stammt und was die FK konkret braucht, um sich sicherer zu fühlen. Darüber hinaus ist es hilfreich, in einem Einzel- oder Gruppencoaching mit FKs die Kontroll-Illusion abzubauen, indem vergangene Entscheidungen anhand der Lebenslinien-Arbeit beleuchtet werden. Dadurch wird das Selbstvertrauen in sich und das Treffen von zukünftigen Entscheidungen gestärkt. An dieser Stelle kann der Coach auch konkret danach fragen, wo in der Vergangenheit Fehler nützlich waren. Um letztlich konkrete Handlungsalternativen gegeneinander abzuwägen und eine Entscheidung zu treffen, kann SC hier durch die Arbeit mit dem Tetralemma, Magic Estimations, der Affekt-Bilanz oder dem Coaching- bzw. Perspektiven-Rad unterstützen.

Um FKs in Zeiten von erhöhtem Stress zu unterstützen, diesen besser bewältigen zu können, sollte individueller Stress initial in einem Einzelcoaching mit der FK konkret operationalisiert und bewusst gemacht werden. Als Intervention eignet sich dazu das Beschreiben eines typischen Arbeitsalltages des Coachees, wobei Situationen mit erhöhtem Stressempfinden identifiziert werden. Außerdem eignet sich hier die Arbeit mit dem Kaluza Stressmodell, um persönliche Stressverstärker auszumachen. Damit dieser Stress abgebaut werden kann, gilt es, Ressourcen und Stärken der FK zu ergründen und zu kräftigen. In Einzel- oder Gruppencoachings mit FKs kann durch Fragetechniken rausgefunden werden, wo Stärken und Entwicklungspotentiale der FKs liegen und wie diese aktiviert werden können. Ziel dabei ist es, Maßnahmen zu entwickeln, wie beides gekräftigt und besser genutzt werden kann. Um diese Stärken und Ressourcen zu identifizieren, eignet sich darüber hinaus ein Perspektivwechsel in Kombination mit Journaling, wobei FKs ihre Stärken aus der Sicht einer anderen Person aufschreiben sollen. Zusätzlich kann die Resilienz einer FK im Coaching mit den Säulen der Resilienz und der Übung der Stabilen Zonen gestärkt werden. Darüber hinaus eigne sich auch an dieser Stelle die Lebenslinien-Arbeit, um vergangene Stresssituationen und deren Umgang damit zu beleuchten und dort vorhandene Ressourcen zu identifizieren. Das Stressempfinden des Cochees kann außerdem durch Reframing-Techniken abgebaut werden, indem dieser nach alternativen Bewertungen der Situation sucht. Um Stress gezielt abzubauen, können in einem Einzelcoaching mit der FK passende Selbstfürsorge-Techniken und Regenerations-Möglichkeiten erarbeitet werden.

Bezüglich des Coaching-Zeitpunktes und Prozesses von FKs-Coachings in Veränderungen, sollte dieser vor Beginn der Veränderung gesetzt sein und diesen durch mehrere Coaching-Sitzungen begleiten. Dabei sollte das Wahrnehmen eines Coachings nie eine Verpflichtung, aber ein selbstverständliches Angebot sein, welches nicht als Problemlösung, sondern lediglich als Unterstützung dient. Sobald ein Coaching als Verpflichtung angesehen wird, und nicht freiwillig wahrgenommen wird, können Interventionen nicht wirken.

Bei der Betrachtung der gewonnenen Erkenntnisse im Abgleich mit dem bisherigen Forschungsstand (Abschnitt 2.6) wird deutlich, dass dieser entscheidend um gezieltere Coaching-Möglichkeiten und Interventionen erweitert werden konnte. Der bisherige Forschungsstand schlägt zwar vor, das Selbstvertrauen einer FK im Coaching zu stärken, gibt jedoch keine exakten Coaching-Inhalte und Interventionen vor, welche nun ergänzt werden konnten. Es findet sich eine Parallele darin, dass in einem Coaching die Identifikation der FK mit der Veränderung thematisiert werden sollte, um diese Haltung authentisch nach außen zu tragen. Durch die neu gewonnenen Erkenntnisse werden dazu genaue Coaching-Interventionen vorgeschlagen, was der bisherige Forschungsstand nicht hergegeben hat. Außerdem wurden durch die in

dieser Arbeit gewonnen Erkenntnisse Coaching-Möglichkeiten und Interventionen
gefunden, um die Angst vor Fehlentscheidungen abzubauen, sowie das Stressempfinden der FK zu bearbeiten. Darüber hinaus zeigen die in dieser Thesis erlangten
Erkenntnisse Grenzen von Coaching bezogen auf F2 auf und gehen näher auf den
dafür wirksamen Coaching-Prozess ein. In Tabelle 5.2 werden die für F2 relevanten Coaching-Möglichkeiten und wirksamen Interventionen zusammengefasst und
dabei bereits auf Herausforderungen im Zusammenhang mit der Forschungsfrage
bezogen.

**F3: Inwieweit und mit welchen Interventionen kann SC helfen, eine gemein-
same Vision trotz unterschiedlicher Interessen und Ziele zu erarbeiten und die
MA-Identifikation damit zu steigern?**
Zur Beantwortung dieser Forschungsfrage ist die Betrachtung der Kategorien 12–15
eminent. Diese Kategorien schlagen Coaching-Möglichkeiten und Interventionen
vor, welche zum einen die Kreation einer passenden Vision fördern, jedoch auch
unterstützen, dass diese von MA verstanden und verinnerlicht wird. Die Revision
der Herausforderungen, die an diesen Stellen eines Veränderungsprozesses auftreten (Abschnitt 2.3), zeigt, dass eine passende Vision oftmals nicht gefunden
wird und dieser Prozess durch unterschiedliche Interessen und Zielvorstellungen
erschwert wird. Außerdem können sich MA nicht mit der Vision identifizieren, da
diese nicht ausreichend und effektiv kommuniziert wird oder im Konflikt mit den
eigenen Interessen steht.

Um diese Herausforderungen zu bewältigen, sollte die Vision optimaler Weise
im Kollektiv mit möglichst hoher MA-Beteiligung entwickelt werden, wobei alle
Perspektiven gehört werden. Da dies je nach Größe des Unternehmens nicht möglich ist, empfiehlt sich hier die Arbeit mit Repräsentanten aus allen Teams, welche
später MA aus ihren Teams in einer verständlichen Sprache zur Vision abholen
können. Für die Entwicklung der Vision, kann der Coach in Form eines großen
Gruppencoachings oder eines Workshops anhand von Systemischen Fragen den
optimalen Zustand der Organisation, sowie den Sinn der Organisation erfragen.
Der Coach kann außerdem mit Reframing-Techniken arbeiten und erfragen, was
wäre, wenn die Organisation nicht mehr bestehen würde, um daraus dessen Sinn
zu erarbeiten. Außerdem ermöglichen Fragen nach Sehnsüchten und Wünschen,
insbesondere durch die Wunderfrage, die Ergründung des optimalen Zustandes des
Unternehmens. An dieser Stelle seien auch Zukunfts-Szenarien mit zirkulären Fragen denkbar, in denen Anwesende aus der Zukunftsperspektive jemand anderem
beschreiben sollen, was das Unternehmen erreicht hat. Dafür eignen sich besonders
Rundum-Fragen, bei welchen jeder Teilnehmer des Coachings oder Workshops die
gleiche Frage beantwortet. Neben gezielten Fragtechniken eignen sich an dieser

Tabelle 5.2 Coaching-Möglichkeiten und Interventionen für mehr Vertrauen in die Führungskraft. (Eigene Darstellung)

Inwieweit und mit welchen Interventionen kann SC dazu beitragen, die FK zu stärken, um das Vertrauen in sie zu erhöhen?

Zentrale Herausforderung	Gegenstand des Coachings	Interventionsbeispiele	Zielgruppe des Coachings
FKs fehlt es an Selbstvertrauen und Optimismus	– Ressourcen durch positives Feedback von MA bewusst machen	Keine konkreten Interventionen vorgeschlagen	Gruppencoaching mit Team (MA und FK)
	– Ressourcen der FK erarbeiten und stärken	**Lebenslinien-Arbeit und gezielte Fragen dazu:** Bezüge zu vergangenen erfolgreichen Veränderungen und Führungssituationen herstellen (privat und beruflich) – Warum glaubst du denn, wird das in der Zukunft nicht funktionieren? – Was gab es in letzter Zeit wo du dich richtig klasse als Führungskraft fandest? Wo du nicht groß nachdenken musstest, wie due es machst? Wann hast du tolles Feedback von den Mitarbeitern bekommen? Was haben Sie da gemacht, dass es Ihnen so ging? **Positive Verstärkung durch zirkuläre Fragen** – Was glaubst du, würden deine Mitarbeiter/deine Kollegen/deine Vorgesetzten sagen, was du besonders gut kannst? – Was glaubst du denn, was andere in dir für Stärken sehen?	Einzelcoaching mit FK
	– Unrealistische Führungsideale streichen und realistische und konkrete Zielvorstellungen schaffen	**Reality-Check** – FK soll eine realistische Vision erstellen, was sie konkret darunter versteht, wenn er sie gute FK ist? Wie möchtest du konkret sein? **Perspektivwechsel** – FK erläutert aus der Sicht seiner MA wie diese sich eine gute FK wünschen	Einzelcoaching mit FK

(Fortsetzung)

Tabelle 5.2 (Fortsetzung)

Inwieweit und mit welchen Interventionen kann SC dazu beitragen, die FK zu stärken, um das Vertrauen in sie zu erhöhen?

Zentrale Herausforderung	Gegenstand des Coachings	Interventionsbeispiele	Zielgruppe des Coachings
	– Identifikation mit der Veränderung beleuchten und Kontakt zu Gefühlen der FK herstellen – Ängste und Unsicherheiten wertschätzen	**Zirkuläre Fragen** – Wie sollen im Optimalfall deine MA über dich als FK reden? Was würden die sagen, wie ihre FK so ist? Keine konkreten Interventionen vorgeschlagen	Einzel- oder Gruppencoaching mit FKs
	– Identifikation mit der Veränderung steigern	**Kommunikation der Veränderung üben** – Veränderungsrelevante themen präsentieren, als wären MA anwesend – Kongruente Argumentationen prüfen, denn nur wenn FK sich mit der Veränderung identifiziert, kann sie diese aus selbstbewusst umsetzen	Einzelcoaching mit FK
	– FK erlernt hilfreiche Coaching Kompetenzen, um mit Widerständen und Konflikten umzugehen, besser zu kommunizieren und zuzuhören	Keine konkreten Interventionen vorgeschlagen	Einzelcoaching mit FK
FKs haben Angst vor Fehlentscheidungen	– FK ermutigen, Handlungsalternativen und Sachentscheidungen im Kollektiv zu evaluieren	Keine konkreten Interventionen vorgeschlagen	Einzel- oder Gruppencoaching mit FKs

(Fortsetzung)

Tabelle 5.2 (Fortsetzung)

Inwieweit und mit welchen Interventionen kann SC dazu beitragen, die FK zu stärken, um das Vertrauen in sie zu erhöhen?

Zentrale Herausforderung	Gegenstand des Coachings	Interventionsbeispiele	Zielgruppe des Coachings
	– Handlungsalternativen und -auswirkungen beleuchten – Bezug zur Körperwahrnehmung und dem Bauchgefühl	**– Fragetechniken zum optimalen Lösungszustand** – Und wenn wir das Problem gelöst haben, was liegt dann vor? Wonach streben wir denn? – Welches sind denn jetzt überhaupt die Optionen, die Alternativen, die ich habe, zwischen denen ich entscheiden kann? – Welches sind die Auswirkungen jedes Entscheides? **Tetralemma, Affekt-Bilanz, Magic Estimations, Coaching-Rad** **– Fragetechniken zur körperlichen Wahrnehmung** – Wie reagiere ich körperlich auf diese Optionen und Auswirkungen? Wie fühlt sich es an, wenn du dann morgens zur Arbeit gehst?	Einzel- oder Gruppencoaching mit FKs
	– Bedürfnisse der FK ergründen, um sicherer Entscheidungen treffen zu können und Handlungsalternativen zu erweitern	**Fragetechniken** – Was brauchst du, um Sicherheit zu gewinnen? – Welche Ressourcen oder Handlungsmöglichkeiten stehen dir denn zur Verfügung, um deine Entscheidung zu validieren? – Was in ihrem Alltag ist eine Situation, wo Sie eine Entscheidung treffen müssen, die Ihnen Bauchweh macht? – Wie hast du es bisher gemacht?	Einzel- oder Gruppencoaching mit FKs

(Fortsetzung)

Tabelle 5.2 (Fortsetzung)

Inwieweit und mit welchen Interventionen kann SC dazu beitragen, die FK zu stärken, um das Vertrauen in sie zu erhöhen?

Zentrale Herausforderung	Gegenstand des Coachings	Interventionsbeispiele	Zielgruppe des Coachings
	– Kontroll-Illusion und Angst vor Fehlentscheidungen der FK abbauen, um leichter Entscheidungen treffen zu können	– **Lebenslinien-Arbeit zu Entscheidungen** – Wie kommt ihr normalerweise zu Entscheidungen? – Und wenn ihr in die Vergangenheit schaut, welche Entscheidungen haben sich als sehr positiv erwiesen? Als besonders gut in der Konsequenz? Und wie sicher wart ihr damals?	Einzel- oder Gruppencoaching mit FKs
		– **Lebenslinien-Arbeit zu hilfreichen Fehlern** – Szenarien abfragen, wo Fehler hilfreich oder von Nöten waren	Einzel- oder Gruppencoaching mit FKs
FKs sind gestresst und können diesen Stress nicht abbauen	– Stress bewusst machen und konkret operationalisieren	**Beschreiben eines typischen Arbeitsalltages und Fragetechniken dazu** – Situationen identifizieren, wo das Stressempfinden höher oder niedriger ist?	Einzelcoaching mit FK
		Fragetechniken, um den Stress zu konkretieren – Wie sieht denn das aus bei dir, wenn du gestresst bist? Was passiert? Was ist schlimmer? Was ist weniger? Was machst du mehr oder weniger? **Kaluza Stressmodell nutzen, um persönliche Stressverstärker zu identifizieren**	
	– Ressourcen der FK ergründen, um diese zu stärken und Stress abzubauen – Bewusstsein für Ressourcen schaffen	**Fragetechniken** – Welche Ressourcen hast du (persönlichen, soziale, organisationale Ressourcen)? – Was kannst du aktivieren und wie? – Wo erholst du dich? Wo ziehst du dich zurück, um Kraft zu tanken?	Einzelcoaching mit FK

(Fortsetzung)

Tabelle 5.2 (Fortsetzung)

Inwieweit und mit welchen Interventionen kann SC dazu beitragen, die FK zu stärken, um das Vertrauen in sie zu erhöhen?

Zentrale Herausforderung	Gegenstand des Coachings	Interventionsbeispiele	Zielgruppe des Coachings
	– Stressempfinden der FK abbauen– Herausfinden, was der FK individuell helfen könnte	**Perspektivwechsel und Journaling** – FK sollen ihre Stärken aus der Sicht einer anderen Person aufschreiben **Säulen der Resilienz ergründen (mit Skalierungen)** – Herausfinden, wo die FK sich stark fühlt und wo nicht **Übung der Stabilen Zonen** **Lebenslinien-Arbeit und Fragetechniken dazu** – Vergangene Stresssituationen und deren Umgang beleuchten, um dort vorhandene Ressourcen zu identifizieren – Konntest du mit solch einer Situatoin schon mal besser umgehen? Gab es mal eine Zeit, wo es zwar genauso anstrengend wie jetzt in der Firma war, aber du hast dich trotzdem nicht so gestresst gefühlt? Was war da anders? **Reframing-Techniken:** alternative Bewertungen der Sitation konstruieren – Was sind deine Gedanken dazu und wie könntest du die Situation auch noch bewerten? **Selbstfürsorge-Techniken erarbeiten** – alternative Bewertungen der Sitation konstruieren	Einzelcoaching mit FK

Stelle ebenso Methoden des Silent Clusterings, wobei jeder Teilnehmer die aktuelle Situation und seine Gedanken zur Vision aufschreibt. Ebenso geeignet, um die
Ideen jedes Einzelnen zu hören, seien Fishbowl Diskussionen, Methoden der Dynamic Facilitation oder Forschungsgruppen und die Methode der 1-2-4-alle aus den
Liberating Structures. Der Coach hält hier ebenfalls eine Rolle des Moderators inne,
indem er alle Ideen sammelt und konsolidiert. Stellt sich trotz dieser Vorgehensweise
heraus, dass kein Konsens gefunden wird, eignen sich an dieser Stelle Perspektivwechsel und zirkuläre Fragen. Dabei sollen Coachees, welche an der Entwicklung
der Vision beteiligt sind, im positiven Sinne formulieren, wie aus der Sicht eines
anderen Anwesenden die Vision aussieht und somit dessen Argumentation besser
verstehen können. Das Ziel dabei ist es, Handlungsspielräume zur Konsensbildung
vorzubereiten.

Damit MA, welche nicht an der Entwicklung der Vision beteiligt waren, die
Vision verstehen und eine Identifikation damit ermöglicht wird, sollten diese im
Rahmen eines Coachings an der Vision arbeiten dürfen. In Gruppencoachings mit
einzelnen Teams sollten diese versuchen, die Vision bildhaft darzustellen, um einen
emotionalen Zugang dazu zu finden, sowie Verzerrungen in der Interpretation zu
identifizieren. Als SI eignet sich dazu das Aufführen der Vision als Theaterstück oder
das Kreieren eines Kunstwerkes, wobei zu beachten ist, dass diese Interventionen
nicht zu jeder Unternehmenskultur passen. Um rational zu überprüfen, ob MA auf
jeder Ebene die Vision und dessen individuelle Bedeutung verstanden haben, sollten
sie diese im Gruppencoaching auf ihren Bereich runterbrechen. Dieses Gruppencoaching kann mit Mitgliedern mehrerer Teams oder innerhalb eines Teams stattfinden,
wobei der Coach gezielte Fragen nach der konkreten Bedeutung der Vision stellt.
An dieser Stelle ist es vor allem die Aufgabe des Coachs einen Austausch anzuregen und zu ergründen, welche Bilder die Vision bei jedem Anwesenden hervorruft.
Im Rahmen eines Gruppencoachings ist es ebenfalls wichtig, dass MA ihre Bedenken und Wünsche im Bezug auf die Vision äußern können. An dieser Stelle macht
es Sinn, dass Change-Initiatoren, welche an der Entwicklung der Vision beteiligt
waren, in diesem Coaching anwesend sind, um direkt zu den Äußerungen Bezug zu
nehmen. Um Bedenken und Wünsche zu sammeln, eignet sich die Intervention der
VW-Regel, bei welcher MA Vorwürfe in Form von Bedenken, welche sie bezüglich
der Vision haben, aufschreiben und daraus Wünsche formulieren. Diese Bedenken könnten auch durch Repräsentanten eines Teams auf einer offenen Bühne mit
einem Initiator der Veränderung diskutiert und direkt adressiert werden. Sollte sich
aus diesem Prozess herauskristallisieren, dass ein Großteil der MA ähnliche Wünsche und Bedenken hat, sollte die Vision noch einmal überarbeitet werden, damit
eine MA-Identifikation stattfinden und der Veränderungsprozess gelingen kann.

Zusammenfassend für F3 ist festzuhalten, dass Coaching-Möglichkeiten und wirksame Interventionen gefunden werden konnten, um das Finden einer passenden Vision für den Veränderungsprozess zu unterstützen, sowie das Verständnis und die Identifikation der MA damit zu erhöhen. Da sich dies als kritische Faktoren kennzeichnen, die das Gelingen eines Veränderungsprozesses beeinflussen, ist SC an dieser Stelle ebenfalls als wirksame Unterstützung anzusehen. Bei der Betrachtung des bisherigen Forschungsstandes finden sich Parallelen bei Interventionen wieder, die zum Finden einer Vision beitragen. Auch dort wird von Systemischen Fragetechniken gesprochen, welche den optimalen Zustand der Organisation erfragen sollen. Die Forschung dieser Thesis ergänzt dabei einige Methoden, die besonders auf die kollektive Entwicklung der Vision mit starkem MA-Einbezug eingehen. Außerdem wurden neue Erkenntnisse gewonnen, wie die Entwicklung einer Vision trotz unterschiedlicher Interessen und Ziele mithilfe von Coaching-Maßnahmen angegangen werden kann. Zudem nannte der bisherige Forschungsstand noch keine Coaching-Möglichkeiten und Interventionen, um das Verständnis und die Identifikation der MA mit der Vision zu erhöhen und diese an der Vision arbeiten zu lassen. Dies hat sich jedoch in der vorliegenden Forschung als essentieller Faktor erwiesen, für welchen nun gezielte Coaching-Inhalte und Interventionen entwickelt werden konnten. In Tabelle 5.3 werden die für F3 relevanten Coaching-Möglichkeiten und Interventionen dargestellt. Dabei wird auf Herausforderungen im Zusammenhang mit der Forschungsfrage eingegangen.

F4: Inwieweit und mit welchen Interventionen kann SC helfen, die Ängste und Bedürfnisse der MA zu erkennen und zu berücksichtigen?
Als kritische Herausforderung und Ursache für Widerstände stellen sich in Veränderungsprozessen die Ängste und Unsicherheiten der MA dar. Diese überfordernden Faktoren werden dennoch von MA häufig nicht verbalisiert und finden keinen Raum, um thematisiert und abgebaut zu werden. Ebenso haben MA das Gefühl, dass für sie wichtige Bestandteile der Organisation verloren gehen und empfinden somit die berufliche Identität als gefährdet (Abschnitt 2.3). Die Kategorien 16–20, welche sich aus der vorliegenden Forschung ergeben haben, stellen Coaching-Möglichkeiten und Interventionen dar, um diese Herausforderungen zu bearbeiten.

In einem Einzel- oder Gruppencoaching der von der Veränderung betroffenen MA, je nach Ressourcen des Unternehmens, gilt es, Ängsten einen Raum zu geben und diese wertzuschätzen. Dabei sollte herausgearbeitet werden, dass das Bestehen von Ängsten normal ist und MA sollten die Möglichkeit bekommen, Strukturen zu verabschieden, welche sie eigentlich nicht aufgeben möchten. Um Ängste der MA zu ergründen, da diese häufig nicht verbal abrufbar sind, eignet sich die Arbeit mit Systemischen Fragetechniken und Visualisierungen, wobei die Unsicherheit oder

Tabelle 5.3 Coaching-Möglichkeiten und Interventionen zur Entwicklung und Identifikation mit der Vision. (Eigene Darstellung)

Inwieweit und mit welchen Interventionen kann SC helfen, eine gemeinsame Vision trotz unterschiedlicher Interessen und Ziele zu erarbeiten und die MA-Identifikation damit zu steigern?

Zentrale Herausforderung	Gegenstand des Coachings	Interventionsbeispiele	Zielgruppe des Coachings
Finden der Vision trotz unterschiedlicher Interessen und Zielvorstellungen	– Den optimalen Zustand der Organisation erfragen	**Fragetechniken als Rundum-Fragen (jeder Teilnehmer beantwortet die gleiche Frage, um alle Perspektiven zu hören)** – Wunderfrage: Wie wäre es, wenn es von heute auf morgen gut wäre? Wie wäre es, wenn es optimal wäre? – Fragen nach Sehnsüchten und Wünschen – Wenn wir uns trauen würden zu träumen, welche neuen Ziele würden wir uns setzen? – Wie sähe es aus, wenn die Veränderung ideal abläuft? – Wie würde ein Film unserer künftigen Organisation aussehen? – Im Idealfall macht eure Vision mit euren Mitarbeitern was? Was braucht ihr dazu? **Zukunftsszenarien mit zirkulären Fragen** – Ihr seid im wichtigsten Branchen-Magazin Ihrer Branche als Beispiel einer hervorragend gelungenen Veränderung. Welche Fragen würde der Interviewer Euch stellen? – Wenn ihr in einem halben Jahr euren besten Freundinnen und Freunden erzählt, was ihr erreicht habt. Was ist das denn?	Gruppencoaching oder Workshop mit Change-Initiatoren, und Repräsentanten aus jedem Team, damit MA-Einbezug besteht
	– Den Sinn der Organisation erfragen, um daraus Zukunftswünsche zu entwickeln	**Fragetechniken und Reframing-Techniken** – Wofür seid ihr da? – Was wäre, wenn die Organisation nicht mehr bestehe? – Was würde fehlen, wenn wir unsere Dienstleistung nicht erbringen würden?	

(Fortsetzung)

Tabelle 5.3 (Fortsetzung)

Inwieweit und mit welchen Interventionen kann SC helfen, eine gemeinsame Vision trotz unterschiedlicher Interessen und Ziele zu erarbeiten und die MA-Identifikation damit zu steigern?

Zentrale Herausforderung	Gegenstand des Coachings	Interventionsbeispiele	Zielgruppe des Coachings
	– Unterschiedliche Ideen zur Vison sammeln, wobei der Coach als Moderator fungiert und diese Ideen konsolidiert und gemeinsame Nenner herausarbeitet	**Silent Clustering** **Fishbowl Diskussionen** **Dynamic Facilitation** **Methoden der Liberating Structures** – Forschungsgruppen – 1-2-4-alle Methode	Gruppencoaching oder Workshop mit Personen oder Repräsentanten aus Teams , die an der Entwicklung der Vision beteiligt sind
	– Unterschiedliche Interessen und Zielvorstellungen erarbeiten und andere Argumentationen ergründen, um einen Konsens zu finden	**Perspektivwechsel und zirkuläre Fragen** – Coachees versetzen sich in die Rolle eines anderen Anwesenden und argumentieren im positiven Sinne, wie dieser sich die Vision vorstellt – Was glaubst du, würde jetzt ein Kollege aus Bereich X sagen, was das Ziel dieser Vision ist? **Fragetechniken, um eigene Zielvorstellungen und Interessen zu ergründen** – Welche Interessen verfolge ich hin? – Was sind für mich welche, die ich nicht aufgeben möchte? – Und wo gibt es für mich Handlungsspielraum? **Zirkuläre Fragen, um Vorannahmen für andere Interessen zu treffen** – Was glaubst du, würde jetzt ein Kollege aus dem Vertrieb sagen, was das Ziel dieser Vision ist? – Welchen Hypothesen habe ich, dass die anderen, welche Interessen die anderen haben?	Einzelcoaching mit Personen, die an der Entwicklung der Vision beteiligt sind

(Fortsetzung)

Tabelle 5.3 (Fortsetzung)

Inwieweit und mit welchen Interventionen kann SC helfen, eine gemeinsame Vision trotz unterschiedlicher Interessen und Ziele zu erarbeiten und die MA-Identifikation damit zu steigern?

Zentrale Herausforderung	Gegenstand des Coachings	Interventionsbeispiele	Zielgruppe des Coachings
MA verstehen Vision nicht und identifizieren sich nicht damit (diese Herausforderung besteht nur, wenn MA nicht an der Entwicklung der Vision beteiligt sind)	– Vision bildhaft darstellen, um einen emotionalen Zugang dazu zu legen und die Interpretation zu überprüfen	**Theaterstück aufführen lassen, Kunstwerke malen lassen**	Gruppencoaching mit einzelnen Teams
	– Bedeutung der Vision für jeden einzelnen Bereich und MA erarbeiten und überprüfen	**Fragetechniken** – Was bedeutet das für mich in meinem Bereich, wenn wir diese Vision annehmen? Was bedeutet das für mich und meine MA? – Was bedeutet das konkret für unser Team? Auch für jede einzelne Funktion? Wie muss ich arbeiten? Was muss ich tun, damit ich einen Beitrag zu dieser Vision leiste? – Was heißt das jetzt für uns? – Was haben wir verstanden? – Was bleibt gleich? Wo gibt es Veränderungen?	Gruppencoaching mit einzelnen Teams
	– Bedenken und Wünsche der MA im Bezug auf die Vision identifizieren	**VW-Übung** – MA formuliren Vorwürfe/Bedenken im Bezug auf die Vision und formulieren daraus Wünsche, welche der Coach sammelt **Bedenken auf einer offenen Bühne von Repräsentanten der MA diskutieren lassen**	Gruppencoaching mit einzelnen Teams, Anwesenheit der Change-Initiatoren

Angst der Coachees als Monster gemalt oder als Film inszeniert werden kann. Darüber hinaus eignen sich Worst-Case-Szenarien, um die Auswirkungen der Angst vor der Veränderung zu ergründen. Diese Szenarien helfen gleichzeitig, Ängste abzubauen, da den Coachees bewusst wird, dass auch im schlimmsten Fall immer Handlungsalternativen bestehen. Als weitere Intervention, um Ängste zu ergründen, eignet sich die verrückte Frage, um einen weniger rationalen Zugang zur Unsicherheit zu legen. Zusätzlich ist es sinnvoll, durch gezielte Fragetechniken zu ergründen, ob diese Angst nur im Unternehmenskontext oder im Zusammenhang mit der Veränderung besteht, oder ähnliche Situationen auch im privaten Kontext erlebt werden. Um Ängste in Gruppensettings eines Teams zu ergründen, kann der Coach zusätzlich mit Skalierungen arbeiten, bei welchen er für Veränderungen typische Ängste nennt und die Anwesenden danach fragt, inwieweit dies bei ihnen zutrifft. Darüber hinaus können Befürchtungen und Ängste in größeren Gruppensettings mit den Methoden der Forschungsgruppen und der 1-2-4-alle Methode aus den Liberating Structures anonym gesammelt werden, wobei trotzdem jede einzelne Stimme gehört wird. Neben der Ergründung der Ängste kann Coaching Veränderungsprozesse unterstützen, indem darin die Bedürfnisse der MA erarbeitet werden. Durch das Konstruieren von konkreten Szenarien, in denen die Angst oder Unsicherheit nicht mehr besteht, können Bedürfnisse der MA ausgemacht werden. Ebenso eignet sich auch an dieser Stelle der Einsatz der Wunderfrage, um den optimalen Zustand für den MA zu ergründen. Durch gezielte Fragetechniken hilft der Coach den MA, ihren perfekten Arbeitsplatz und -inhalt zu beschreiben. An dieser Stelle ist ebenfalls die Intervention der VW-Regel hilfreich, bei welcher MA ihre Vorwürfe in Form von Ängsten oder Unsicherheiten äußern können und daraus konkrete Wünsche als Szenarien konstruieren, in welchen diese Angst nicht bestehen würde. Eine weitere Intervention, um im Rahmen eines Coachings Bedürfnisse der MA zu identifizieren, ist die Lebenslinien-Arbeit, wobei vergangene private und organisationale Veränderungen beleuchtet werden. Das Ziel dieser Intervention ist es herauszufinden, welche Umstände dazu geführt haben, dass eine Veränderung als negativ oder positiv erlebt wurde. Um identifizierte Ängste abzubauen, eignet sich die bereits genannte Intervention des Worst-Case-Szenarios, da dem Coachee bewusst wird, dass stets Handlungsalternativen bestehen und gleichzeitig die Angst eine Grenze bekommt, wenn sie konkretisiert wird. Der Coach kann außerdem prüfen, ob die herausgearbeiteten Ängste mit bestehenden Glaubenssätzen des MA verknüpft sind und diese somit durch Glaubenssatz-Arbeit abbauen. Durch die bereits beschriebene Lebenslinien-Arbeit können außerdem Ressourcen identifiziert werden, welche in vergangenen Veränderungen vorhanden waren, um diese erneut zu aktivieren. Um weitere Handlungsalternativen zu ergründen, wie MA mit der bestehenden Angst umgehen können, sind Perspektivwechsel und zirkuläre Fragen hilfreich. Vollends können Ängste jedoch nur durch die Integration der FK abgebaut werden, da diese fehlenden Informationen liefern und somit Sicherheit vermitteln kann. Oftmals trauen sich MA jedoch nicht, ihre Unsicherheiten und Bedürfnisse mit der FK zu thematisieren, weshalb in einem vorherigen Coaching mit dem MA durch Rollenspiele geübt werden kann, wie er diese an der passenden Stelle bei der FK einbringen kann. Zusätzlich ist ein weiterer Workshop mit der jeweiligen FK des Teams sinnvoll, indem diese auf identifizierte Ängste und Bedürfnisse eingeht. In diesem Workshop fungiert der Coach zwar vermehrt als Moderator, kann jedoch in einem vorherigen Coaching mit der FK mit dieser erarbeiten, wie sie auf Ängste und Bedürfnisse der MA eingehen kann. In diesem Coaching sollten ebenfalls Unsicherheiten der FK mit den oben genannten Interventionen erarbeitet werden, damit sie diese authentisch mit ihren MA teilen kann und diese motiviert, ebenso offen über ihre Bedürfnisse zu sprechen.

Beim Abgleich dieser Erkenntnisse mit dem bisherigen Forschungsstand wird deutlich, dass sich Parallelen darin erkennen lassen, dass Bedürfnisse in einem Coaching erkundet werden können, indem durch Systemische Fragetechniken nach dem optimalen Zustand gefragt wird. Die Nutzung der Übung der Stabilen Zonen, welche in der bisherigen Forschung genannt wurde, konnte an dieser Stelle nicht validiert werden. Bezüglich der Ergründung von Ängsten, kratze der bisherige Forschungsstand noch an der Oberfläche, wobei auch dort bereits Reframing-Techniken empfohlen wurden. Durch die vorliegende Forschung konnte die Ergründung von Unsicherheiten und Ängsten der MA durch weitere Interventionen angereichert, sowie Vorschläge für dessen Abbau und Bearbeitung gemacht werden. Zudem setzt die vorliegende Forschung nicht nur an von der Veränderung betroffenen MA an, sondern integriert deren FKs, um Ängste nachhaltig zu berücksichtigen. Darüber hinaus werden durch die vorliegende Forschung konkrete Vorschläge gemacht, wie auch in großen Gruppensettings Ängste ergründet werden können. Tabelle 5.4 fasst die für F4 relevanten Coaching-Möglichkeiten und Interventionen zusammen.

F5: Inwieweit und mit welchen Interventionen kann SC dazu beitragen, förderliche Ressourcen und Verhaltensmuster zu identifizieren?
In Abschnitt 2.3 wurde identifiziert, dass es in Veränderungsprozessen oftmals versäumt würde, gemeinsam mit MA Erfolge anzuerkennen, um die Motivation zu bewahren, sowie förderliche Ressourcen zu identifizieren, welche für weitere Veränderungspotentiale genutzt werden können. Wird dies versäumt, bestehe die Gefahr, dass MA in alte Verhaltensmuster und somit in ihre Komfortzone zurückkehren (Landes & Steiner). Um F5 zu beantworten, sind die Erkenntnisse aus K21 relevant, welche Coaching-Möglichkeiten und Interventionen zur Identifikation von Erfolgen und Ressourcen vorschlagen.

Tabelle 5.4 Coaching-Möglichkeiten und Interventionen zu Ängsten und Bedürfnissen der MA. (Eigene Darstellung)

Inwieweit und mit welchen Interventionen kann SC helfen, die Ängste und Bedürfnisse der MA zu erkennen und zu berücksichtigen?			
Zentrale Herausforderung	**Gegenstand des Coachings**	**Interventionsbeispiele**	**Zielgruppe des Coachings**
Ängsten wird keinen Raum gegeben können von MA nicht verbalisiert werden	Ängste der MA wertschätzen und Strukturen verabschieden, die MA gerne behalten würden	Keine konkreten Intervention vorgeschlagen	Einzel- oder Grupencoching mit betroffenen MA
	Ängste ergründen und konkretisieren	**Fragetechniken** – Verrückte Frage: Stell dir vor, du fährst und nächsten Montag wieder ins Büro. Woran würde dein Auto merken, dass das etwas nicht optimal abläuft? – Was ist das was du befürchtest? Worum geht es dir hier? **Situation in ein Parallel-Universum bringen** – Wo hast du das in deinem Leben auch schon mal erlebt? Oder kennst du das aus einem anderen Kontext? **Visualisierungen** – MA soll Angst als Monster malen oder als Film inszenieren **Worst Case Szenarien und die Verschlimmerungsfrage** – Wenn wir jetzt das Ganze noch schlimmer machen wollen, als es ohnehin schon ist, was müssen wir tun? – Was wäre das Schlimmste was passieren könnte? **Skalierungen** – Coach nennt typische Ängste in Veränderung und MA geben an, inwieweit dies zutrifft **Methoden aus den Liberating Structures (für große Gruppensettings), bei welchen sich MA zu ihren Befürchtungen interviewen** – Forschungsgruppen – 1-2-4-alle Methode	

(Fortsetzung)

Tabelle 5.4 (Fortsetzung)

Inwieweit und mit welchen Interventionen kann SC helfen, die Ängste und Bedürfnisse der MA zu erkennen und zu berücksichtigen?

Zentrale Herausforderung	Gegenstand des Coachings	Interventionsbeispiele	Zielgruppe des Coachings
Bedürfnisse der MA werden nicht berücksichtigt	Optimalen Zustand für den MA ergründen	**Reframing-Techniken** – Was daran wäre gut, wenn die Veränderung nicht umgesetzt wird?	
		Konkrete Szenarien entwefen, wo die Unsicherheit nicht mehr besteht **Fragtechniken:** – Wunderfrage: – Wenn gute Fee käme und ihr dürftet euch den Traum-Arbeitsplatz gestalten, wie wäre der konkret? Was davon wird bereits gelebt? – Was möchtest du bewahren, was jetzt schon gut läuft? – Was brauchst du, um erfolgreich zu sein? – Was würdest du dir denn wünschen für deinen zukünftigen Arbeitsplatz? – Was würde dich denn besonders motivieren, morgens zur Arbeit zu gehen? Was würde es noch ein Stück besser machen als der Tag heute? **VW-Regel:** – MA formulieren ihre Unsicherheiten und konstruieren daraus Wünsche für die Zukunft **Lebenslinien-Arbeit und Fragetechniken dazu** – Bezüge zu vergangenen Veränderungen herstellen und erarbeiten, welche Umstände dazu geführt haben, dass diese positiv/negativ erlebt wurden – Wann sind Veränderungen passiert? Was hat dann bewirkt, dass eine Veränderungen positiv erlebt wurde, positiv bewältigt wurde? Und was ist passiert bei den Veränderungen, die als dramatisch negativ erlebt wurden?	Einzel- oder Grupencoching mit betroffenen MA

(Fortsetzung)

Tabelle 5.4 (Fortsetzung)

Inwieweit und mit welchen Interventionen kann SC helfen, die Ängste und Bedürfnisse der MA zu erkennen und zu berücksichtigen?

Zentrale Herausforderung	Gegenstand des Coachings	Interventionsbeispiele	Zielgruppe des Coachings
Ängste können nicht abgebaut werden	Handlungsalternativen ergründen	**Worst Case Szenarien** – Den MA entwickeln lassen, was passiert, wenn seine Angst Realität wird und dortige Handlungsspielräume erarbeiten – Somit bekommt die Angst eine konkrete Grenze und es wird bewusst, dass immer Handlungsalternativen bestehen **Perspektivwechsel und zirkuläre Fragen** – Wer kennt sie noch gut? Wenn ich jetzt deine Frau fragen würde, was würde die dir raten? Oder dein bester Kumpel oder dein Vater?	Einzel- oder Grupencoching mit betroffenen MA
	Ergründen, ob Ängste mit Glaubenssätzen zusammenhängen	**Glaubenssatz-Arbeit**	
	Ressourcen identifizieren, um mit der Unsicherheit umzugehen	**Lebenslinien-Arbeit und Fragtechniken dazu** – Vergangene positive Veränderungen hervorrufen und Ressourcen ergründen, welche dort vorhanden waren– Kennen Sie solch eine Angst von früher? Wann hat das besser geklappt, das im Griff zu haben? Was hast du damals gemacht? Was kannst du heutedamit anfangen?	
	Üben, wie der MA seine Ängste und Bedürfnisse bei der FK einbringen kann	**Rollenspiele**	

(Fortsetzung)

Tabelle 5.4 (Fortsetzung)

Inwieweit und mit welchen Interventionen kann SC helfen, die Ängste und Bedürfnisse der MA zu erkennen und zu berücksichtigen?

Zentrale Herausforderung	Gegenstand des Coachings	Interventionsbeispiele	Zielgruppe des Coachings
	– Vorbereitung eines Workshops, in welchem Ängste thematisiert werden – FK darauf vorbereiten, wie diese auf Ängste eingehen kann	Keine konkreten Intervention vorgeschlagen	Einzelcoaching mit FK
	– Unsicherheiten der FK ergründen und diese ermutigen, diese Ängste authentisch mit MA zu teilen	**oben genannte Interventionen (Fragetechniken, Visualisierungen, Skalierungen, Worst-Case Szenarien, Reframing-Techniken)**	

Im Rahmen von Gruppencoachings in einzelnen Teams können anhand der Seestern-Retrospektive Ressourcen identifiziert werden, indem der Veränderungsprozess bis zu dem jeweiligen Zeitpunkt reflektiert wird. Dabei stellt der Coach gezielt Fragen dazu, was erhalten bleiben soll, was von diesen erhaltenen Elementen gesteigert werden soll, welche Elemente weniger oder gar verabschiedet werden sollen, sowie welche neuen Dinge eingeführt werden sollen. Um diese Verhaltensmuster zu identifizieren, eignen sich weitere ressourcenorientierte Fragetechniken des Coachs. Unternehmensweit kann dies alternativ als Workshop mit allen MA oder Repräsentanten aus Teams ausgestaltet werden, wobei jeder in Form von Journaling oder Silent Clustering zu diesen Punkten seine Gedanken aufschreibt und diese anschließend gesammelt werden. Um eine noch intensivere Visualisierung dafür zu schaffen, kann es verschiedene Boxen geben, wovon eine Box für das alte System steht, welches die Organisation hinter sich lassen möchte und eine weitere Box für das neue System. MA können nun ihre gesammelten Gedanken aufschreiben und in den verschiedenen Boxen platzieren, wodurch auch stille MA zu Wort kommen. Auf Teamebene, sowie auf der Ebene einzelner MA können Ressourcen in Form eines Gruppencoachings außerdem durch Perspektivwechsel identifiziert werden. Dazu stellt der Coach gezielte Fragen, wie jemand anderes diesen MA in dem bisherigen Veränderungsprozess beschreiben würde und stellt dabei positive Aspekte in den Vordergrund. Ähnlich können auch Teammitglieder in Form von Journaling aufschreiben, welche Stärken sie an einem Kollegen oder einer Kollegin schätzen. Gemeinsam sollen daraus Maßnahmen abgeleitet werden, wie er/sie diese Stärken für die Veränderung nutzen kann. Mit gezielten Fragetechniken kann der Coach bei der Ergründung dieser Stärken und Maßnahmen unterstützen.

Der Vergleich dieser Erkenntnisse mit dem bisherigen Forschungsstand zeichnet Parallelen im Hinblick auf die Retrospektive, bei welcher der Veränderungsprozess betrachtet wird und Lernerfahrungen, sowie Zukunftsempfehlungen ausgesprochen werden. Dennoch konnten durch die vorliegende Forschung gezieltere Interventionen benannt werden. In Tabelle 5.5 werden die für F5 relevanten Coaching-Möglichkeiten und Interventionen zusammengefasst.

F6: Inwieweit und mit welchen Interventionen kann SC dazu beitragen, Veränderungsinitiativen und Lösungen mit Einbezug der MA zu finden?
Bei der Betrachtung von Herausforderungen in Veränderungsprozessen (Abschnitt 2.3) hat sich gezeigt, dass MA das Gefühl haben, nicht in die Suche nach Veränderungspotentialen und Lösungen für Probleme einbezogen zu werden. Wenn dies getan wird, kann aktiv nach Veränderungsinitiativen gesucht und Probleme vielfältiger erkannt werden, als wenn der Anstoß für Veränderungen ausschließlich von der Führungsebene kommt. Somit stellt dies eine Herausforderung dar, die

Tabelle 5.5 Coaching-Möglichkeiten und Interventionen zur Identifikation von Ressourcen. (Eigene Darstellung)

Inwieweit und mit welchen Interventionen kann SC dazu beitragen, förderliche Ressourcen und Verhaltensmuster zu identifizieren?			
Zentrale Herausforderung	Gegenstand des Coachings	Interventionsbeispiele	Zielgruppe des Coachings
Erfolge werden nicht genügend anerkannt und Ressourcen für weitere Veränderungen identifiziert	Veränderungsprozess reflektieren und gute, sowie schlechte Elemente identifizieren und Erfolge feiern	**Seestern-Retrospektive (kann in Form von Journaling und/oder Silent Clustering durchgeführt werden)** – Was soll erhalten bleiben? – Was soll von diesen bereits vorhandenen Elementen gesteigert werden? – Wovon soll es weniger geben? – Welche Verhaltensmuster und Elemente sollen komplett verabschiedet werden? – Was soll neu eingeführt werden? **Ressourcenorientiere Fragtechniken und Visualisierungen mit verschiedenen Boxen** – Was wollen wir aus der alten Welt mitnehmen in die neue? – Was lassen wir in der alten Welt, weil es hinderlich war? – Was ist etwas tolles, was wir mitnehmen wollen? – Was haben wir im letzten halben Jahr erreicht? Was haben wir in den letzten drei Monaten erreicht? – Was konstruieren wir als Erfolge? – Wo finden wir sind wir auf einem guten Weg? – Was haben wir genau konkret gemacht? Wie haben wir uns verhalten?	Gruppencoachings mit einzelnen Teams (inklusive FK) oder alternativ als unternehmensweiter Workshop mit Repräsentanten aus Teams Gruppencoachings mit einzelnen Teams (inklusive FK) oder alternativ als unternehmensweiter Workshop mit Repräsentanten aus Teams

(Fortsetzung)

Tabelle 5.5 (Fortsetzung)

Inwieweit und mit welchen Interventionen kann SC dazu beitragen, förderliche Ressourcen und Verhaltensmuster zu identifizieren?

Zentrale Herausforderung	Gegenstand des Coachings	Interventionsbeispiele	Zielgruppe des Coachings
	– Ressourcen von Teammitgliedern ergründen, welche für die Veränderung genutzt werden können – Erfolge der einzelnen Teammitglieder würdigen	**Perspektivwechsel, um Ressourcen von einzelnen MA oder auch des gesamten Teams zu ergründen** – Wie würde dein ein Freund dich beschreiben und was würde dein ein Kollege sagen über dich? Warum sollst du diesen Job machen? Oder warum bist du gut in diesem Job? – Was würden andere Teams über eur Team sagen, was ihrzur Veränderung beiträgt? – Was würde der Geschäftsführer über die Leistung eures Teams sagen?	Gruppencoachings mit einzelnen Teams (inklusive FK)
		Aufschreiben der Stärken in Form von Journaling und Fragetechniken zu den Stärken – Jedes Teammitglied schreibt Stärken eines Teammitgliedes auf – Diese Stärken werden gesammelt und daraus Maßnahmen abgeleitet – Wodurch bereichert die Person das Team? Weshalb ist diese Person in dem Team wichtig? – Was glaubst du, wie könntest du hilfreich sein für die Veränderung und das Team? – Kommen die Stärken eigentlich alle zum Tragen? Oder könnten die Stärken von jemand anderem aus dem Team dich bei dem Projekt unterstützen? – Was ist denn hilfreich? – Was in deiner Persönlichkeit hindert, ist eher hinderlich in diesem Kontext und was es eher förderlich? – Wie kannst du denn das noch positiver machen?	Gruppencoachings mit einzelnen Teams (inklusive FK)

bereits vor dem Beginn eines Veränderungsprozesses betrachtet werden sollte und kontinuierlich in das Geschäftsgeschehen eingebunden werden sollte, um zu einer innovativeren Organisationskultur beizutragen. Dennoch haben auch während eines Veränderungsprozesses MA das Gefühl, dass ihre Lösungsvorschläge nicht für das Antreiben weiterer Veränderungen berücksichtigt werden. Somit wird zum einen ihr Bedürfnis nach Anerkennung nicht befriedigt und Strukturen nicht genügend hinterfragt. Die Kategorien 22 und 23 schlagen Möglichkeiten vor, um MA in die Suche nach Veränderungen und Lösungen für organisationale Probleme im Rahmen eines Coachings einzubinden.

Als Voraussetzung dafür, dass der Einbezug der MA in die Suche nach Veränderungspotentialen und Lösungen funktionieren kann, ist das Buy-In der Führungskräfte. In einem Einzelcoaching oder Gruppencoaching mit FKs sollten diese deshalb ermutigt werden, Entscheidungen und Lösungen im Kollektiv mit den MA zu treffen. An dieser Stelle sollte außerdem geklärt werden, inwieweit die Mitbestimmung der MA von der Führungsebene tatsächlich erwünscht ist und wo Grenzen gezogen werden sollen. Es gilt demnach vorerst zu klären, ob der Mitbestimmungsgedanke von den FKs tatsächlich gewünscht ist und gelebt wird, denn nur dann ist der Einbezug der MA authentisch und sinnvoll. Auch der bisherige Forschungsstand betont, dass mit der FK geklärt werden solle, inwieweit Mitbestimmung der MA ermöglicht werden soll. Dies konnte durch die vorliegende Forschung empirisch unterlegt werden.

Nachdem das Buy-In der FKs besteht, konnte die vorliegende Forschung einige Methoden identifizieren, um gemeinsam mit MA nach Veränderungspotentialen und weiteren Lösungen innerhalb einer Veränderung zu suchen. Die folgenden Methoden können als Gruppencoaching auf Teamebene stattfinden, oder in einem größeren Setting durchgeführt werden, wobei erneut die Arbeit mit Repräsentanten aus einzelnen Teams denkbar ist. Der Coach fungiert in diesem Rahmen als Moderator, welcher Ideen der MA anregt und konsolidiert, jedoch auch für eine Haltung auf Augenhöhe innerhalb der folgenden Verfahren sorgen soll. Eine Methode ist die 3-W-Methode, bei welcher der jetzige Zustand des Unternehmens bewertet wird und gemeinsam nach Veränderungslösungen gesucht wird. Dabei geht es darum zu klären, wie der jetzige Zustand ist, was dies für die Organisation bedeutet und welche Lösungen daraus abgeleitet werden können. MA können ihre Gedanken zu den jeweiligen Fragen in Form von Silent Clustering aufschreiben und der Coach sammelt diese Ideen. Ebenso eignen sich an dieser Stelle Methoden aus den Liberating Structures, wie die Forschungsgruppen oder die 1-2-4-alle Methode, bei welchen sich MA gegenseitig interviewen und die Essenz aller Gedanken und Ideen gefunden und verschiedene Lösungsansätze herausgearbeitet werden sollen. Um letztlich zu einer Lösung zu gelangen, eignen sich Voting-Verfahren, wobei ein beliebtes Format das Dot-Voting Verfahren ist, um Zustimmung zu messen. Darüber hinaus ist es anhand des Systemischen Konsensierens ebenso möglich, anstatt die Zustimmung den Widerstand für verschiedene Lösungsalternativen zu messen. Ein weiteres mögliches Verfahren, um MA in Lösungsfindungen einzubeziehen ist die Methode des Double Diamond, wobei vorerst ein Problemzustand, vor welchem das Team oder die Organisation steht, genauer beschrieben und analysiert wird und daraus mögliche Lösungen abgeleitet werden. Um den Problemzustand vorerst noch besser zu verstehen, kann es hilfreich sein, einen Zugang zu diesem zu legen, welcher über rationale Aspekte hinausgeht. Dazu eignet sich das Aufführen des Problems als ein Theaterstück oder als einen Film.

Diese Erkenntnisse grenzen sich von dem bisherigen Forschungsstand insofern ab, dass konkrete Methoden für kollektive Lösungsfindungen ergänzt werden konnten, welche allerdings teilweise über die Grenzen von SC hinausgehen und der Coach als Moderator von Gruppenarbeitsvorgängen fungiert. Der bisherige Forschungsstand geht zwar auch darauf ein, Probleme und konstruierte Realitäten zu hinterfragen, um Veränderungsinitiativen zu finden, jedoch wurde der Einbezug der MA bisher noch nicht diskutiert. Dennoch liefert der bisherige Forschungsstand hilfreiche Fragtechniken, um den Suchraum der Organisation zu erweitern und Kontexte des Unternehmens zu untersuchen. Diese können auch in Lösungs- und Veränderungssuchen mit Einbezug der MA und den in dieser Forschung vorgeschlagenen Methoden berücksichtigt werden. Darüber hinaus entsteht automatisch ein MA-Einbezug, wenn die Coaching-Möglichkeiten und Interventionen aus F1-F4 berücksichtigt werden. In Tabelle 5.6 werden die für F6 relevanten Coaching-Möglichkeiten und Interventionen zusammengefasst, um den Einbezug der MA in der Suche nach Veränderungsinitiativen und weiteren Lösungen innerhalb einer Veränderung zu steigern.

Zusammenfassende Betrachtung der Ergebnisse
Die erfolgte intensive Betrachtung der einzelnen Forschungsfragen ist nützlich, um die Haupt-Forschungsfrage zu beantworten, inwieweit und mit welchen Interventionen SC Veränderungsprozesse unterstützen kann, um diese erfolgreich anzustoßen und auftretende Herausforderungen zu meistern. Zusammenfassend ist festzustellen, dass für alle in Abschnitt 2.3 identifizierten Herausforderungen Coaching-Interventionen gefunden werden konnten, die diese Herausforderungen bearbeiten und somit Veränderungsprozesse unterstützen. Zur Beantwortung der Haupt-Forschungsfrage ist demnach zu schlussfolgern, dass SC den erfolgreichen Anstoß von Veränderungsprozessen und die Bearbeitung von auftretenden

Tabelle 5.6 Coaching-Möglichkeiten und Interventionen zum Einbezug von MA in Lösungs- und Veränderungssuchen. (Eigene Darstellung)

Inwieweit und mit welchen Interventionen kann SC dazu beitragen, Veränderungsinitiativen und Lösungen mit Einbezug der MA zu finden?

Zentrale Herausforderung	Gegenstand des Coachings	Interventionsbeispiele	Zielgruppe des Coachings
MA haben das Gefühl nicht in die Suche nach Veränderungspotentialen und Lösungen innerhalb einer Veränderung miteinbezogen zu werden	– Buy-In der FK für Mitbestimmung einholen – Klären, inwieweit Mitbestimmung gewünscht ist – FK ermutigen, Lösungen im Kollektiv zu finden	Keine konkrete Intervention vorgeschlagen	Einzelcoaching oder Gruppencoaching mit FKs
	– Aktuelle Situation/Problem beschreiben – MA in Lösungsfindungen und in die Suche nach Veränderungspotentialen einbeziehen – Mögliche Lösungsansätze konsolidieren	**Problem als Film oder Theaterstück visualisieren** **Double Diamond Methode** – Problem zuerst beschreiben und genau definieren, um abgestimmt daraus verschiedene mögliche Maßnahmen abzuleiten **3W-Methode (in Kombination mit Silent Clustering)** – What: Wie ist die Situation gerade im Moment? – So what: Und was bedeutet das für uns? Also welche Informationen stecken da für uns drin woraus wir Schlüsse ziehen können? – What now: Was machen wir jetzt also damit? – Den jetzigen Zustand klären, was dieser für das Unternehmen bedeutet und welche Maßnahmen daraus abgeleitet werden können **Methoden aus den Liberating Structures** – Forschungsgruppen – 1-2-4-alle Methode	Gruppencoaching mit einzelnen Teams oder unternehmensweiter Workshop (mit Repräsentanten)
	– Entscheidung für einen Lösungsansatz treffen	**Voting-Verfahren (Dot-Voting)** Systemisches Konsensieren– um Widerstand zu den verschiedenen Lösungsansätzen zu messen	

Herausforderungen durch die in den Tabellen 3.3–5.5 dargestellten Interventionen unterstützen kann. Demnach ist SC als unterstützende CM-Maßnahme in Veränderungsprozessen hilfreich, um unternehmensweit ein Verständnis für die Dringlichkeit des Wandels zu erzeugen, FKs zu stärken, um das Vertrauen in sie zu erhöhen und eine gemeinsame Vision mit hoher MA-Identifikation zu entwickeln. Außerdem ist der Einsatz von SC wirksam, um Ängste und Bedürfnisse der MA zu ergründen, förderliche Ressourcen und Verhaltensmuster in einer Veränderung zu identifizieren und Veränderungsinitiativen und Lösungen mit Einbezug der MA zu finden.

Um den Teil der Haupt-Forschungsfrage zu beantworten, inwieweit dies möglich sei, ist eine Betrachtung von K24 relevant. Dort werden Voraussetzungen thematisiert, welche für ein erfolgreiches Gelingen von SC als Unterstützung von Veränderungsprozessen gegeben sein müssen, sowie potentielle Herausforderungen innerhalb dieses Coaching-Prozesses bestimmt. Diese gelten übergreifend für alle Forschungsfragen. Entscheidende Faktoren dafür, inwieweit SC in Veränderungsprozessen als Unterstützung eingesetzt werden kann sind zeitliche und budgetäre Ressourcen des Unternehmens, welches eine Veränderung durchläuft. Von diesen Ressourcen, sowie der Unternehmensgröße, ist abhängig, ob einzelne MA, Teams oder lediglich FKs ein Coaching in Anspruch nehmen können. Außerdem muss als Voraussetzung gegeben sein, dass gecoachte Personen offen für ein Coaching sind und dies tatsächlich in Anspruch nehmen möchten, denn nur dann können Interventionen wirksam sein. Entsprechend seien laut Wagner (1992) Offenheit, Vertrauen, Verbindlichkeit und Respekt zwischen Coach und Coachee eine Grundvoraussetzung. Ein weiterer wichtiger Punkt ist, dass die in Tabelle 5.1–5.6 dargestellten Interventionen zwar beispielhaft als wirksame Interventionen für die zu bearbeitenden Herausforderungen gesehen werden können, allerdings zusätzlich individuell von der Gesprächssituation und dem Coach abhängig sind. Für manche Situationen konnten zwar Coaching-Inhalte, jedoch keine gezielten generischen Interventionen benannt werden, da sich diese oftmals aus dem Gespräch ergeben, sowie von dem Coach und der Unternehmenskultur abhängen. Ähnlich wird es auch in der Fachliteratur benannt, wobei Backhausen und Thommen (2017) erläutern, dass der Coach entscheidet, welche Technik in der jeweiligen Coaching-Situation als geeignetes Werkzeug gilt. Daran anknüpfend ist festzuhalten, dass die interviewten Systemischen Coaches sich nicht ausschließlich an Methoden des SC bedienen, sondern darüber hinaus Moderationsmethoden und persönlich etablierte Techniken als geeignete Interventionen vorgeschlagen haben, welche in die Beantwortung der Forschungsfragen eingeflossen sind. Dies entspricht jedoch ebenso der Fachliteratur, welche besagt, dass SC sich nicht durch bestimmte Interventionen, sondern durch systemisches Denken auszeichnet (Backhausen und Thommen,

2017). Als oberste Voraussetzung gilt, dass Unternehmen bereit sind, in Coaching-Maßnahmen ihrer FKs und MA zu investieren und dies nicht aus einer Intention getan wird, FKs oder MA belastbarer zu machen. Analog zu den Ergebnissen der Datenerhebung wird auch in der Fachliteratur beschrieben, dass besonders beim Einbezug der MA in das Finden von Veränderungsinitiativen und Lösungsansätzen die Beauftragung des Coachs nicht von der Geschäftsleitung mit einem gewünschtem Change-Ergebnis erfolgen sollte, sondern eine Offenheit bestehen sollte, Veränderungsoptionen entdecken zu lassen (Eichler, 2011). Diese hier charakterisierten Voraussetzungen und Herausforderungen beeinflussen den erfolgreichen Einsatz von SC als Unterstützung für Veränderungsprozesse, sowie die Wirksamkeit von Interventionen.

Um die vorliegende Forschung abzurunden und die Ergebnisse der einzelnen Forschungsfragen zu konsolidieren, wird final ein Leitfaden entwickelt, welcher Veränderungsprozesse mit den dort auftretenden Herausforderungen ganzheitlich betrachtet und dafür identifizierte Coaching-Möglichkeiten aufzeigt. Um diese Coaching-Möglichkeiten zeitlich auf den Verlauf eines Veränderungsprozesses einzuordnen, werden diese auf das CM-Modell nach Kotter (1996) eingeordnet. Das Ziel dieses Leitfadens in Abbildung 5.1 ist es, einen ganzheitlichen Coaching-Prozess zu schaffen und somit die Beantwortung der Haupt-Forschungsfrage zu visualisieren.

Der Coaching-Prozess in Abbildung 5.1 skizziert effektive Coaching-Möglichkeiten, welche für die in diesen Veränderungsphasen auftretenden Herausforderungen sinnvoll sind. Dabei wird kenntlich, dass zu jedem Veränderungsschritt Coaching-Möglichkeiten identifiziert werden konnten, welche die Bearbeitung von auftretenden Herausforderungen unterstützen können. Dazugehörige Interventionsbeispiele und genaue Inhalte des Coachings sind aus den angegebenen Tabellen zu entnehmen, in welchen ebenso gekennzeichnet ist, welche Interventionen für welche genauen Herausforderungen nützlich sind.

Zur Vorbereitung auf einen Veränderungsprozess ist es unverzichtbar, ein Coaching mit FKs durchzuführen, welches abhängig von den Ressourcen entweder in Einzel- oder Gruppencoaching stattfindet. Das Ziel dieses Coachings ist es, FKs auf die Führungsaufgabe vorzubereiten, das Selbstvertrauen zu stärken und die Angst vor Fehlentscheidungen abzubauen, da das Treffen von Entscheidungen eine verstärkt wichtige Rolle in Veränderungen spielt. Außerdem sollte hier bereits Stress der FKs bewusst gemacht und Ressourcen für dessen Abbau identifiziert werden. Ein geeigneter Zeitpunkt, um mit diesem FKs-Coaching zu starten kann nicht gegeben werden. Aus den Interviews kristallisierte sich jedoch heraus, dass dies einige Monate vor dem eigentlichen Anstoß und der Verkündigung einer

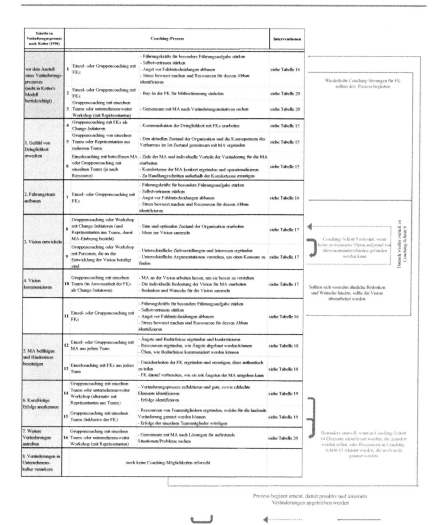

Abbildung 5.1 Coaching-Prozess in organisationalen Veränderungen. (Eigene Darstellung)

Veränderung geschehen sollte. Mit welchen Coaching-Maßnahmen und Interventionen die genannten Punkte durch ein Coaching bearbeitet werden können, ist aus Tabelle 5.2 zu entnehmen. Dieses FKs-Coaching sollte zudem während des Veränderungsprozesses regelmäßig stattfinden, um die FKs angemessen in ihrer Aufgabe zu begleiten. Im Zuge dieses Coachings ist es ebenfalls wichtig, das Buy-In der FKs für die Mitbestimmung der MA zu erarbeiten und herauszufinden, inwieweit Mitbestimmung während der Veränderung gelebt werden soll und kann. Außerdem kann vor dem Anstoß einer Veränderung mit Einbezug der MA nach Veränderungsinitiativen gesucht und Lösungen für bestehende Herausforderungen oder Probleme gesammelt werden. Dies kann in Gruppencoachings mit einzelnen Teams oder als unternehmensweiter Workshop erfolgen. Dieser Workshop kann auch mit Repräsentanten aus einzelnen Teams abgehalten werden, um die Größe einzugrenzen. Dort sollte die aktuelle Situation beschrieben werden und mögliche Lösungsansätze konsolidiert werden, sowie final eine Entscheidung für einen Lösungsansatz getroffen werden. Geeignete Coaching-Interventionen für diese Coaching-Maßnahmen sind aus Tabelle 5.6 zu entnehmen.

Im ersten Schritt nach Kotters Modell (1996), in welchem das Gefühl der Dringlichkeit des Wandels vermittelt werden soll, eignet sich ein Gruppencoaching mit den Change-Initiatoren, welches meist FKs sind, um gemeinsam die Kommunikation der Dringlichkeit zu erarbeiten. Dabei sollte eine authentische Kommunikation geübt werden, sowie die Sinnhaftigkeit des Wandels auf alle MA-Ebenen runtergebrochen werden. Dies gelingt durch die Durchführung von Rollenspielen, sowie durch die argumentative Übung des Pyramiden Prinzips. Weitere Informationen zu diesen Interventionen sind in Tabelle 5.1 zu finden. In dieser Veränderungsstufe ist es außerdem hilfreich, ein Gruppencoaching mit einzelnen Teams oder mit Repräsentanten aus mehreren Teams durchzuführen, in welchem der aktuelle Zustand der Organisation und die Konsequenzen einer Nicht-Veränderung gemeinsam ergründet werden. Durch Rundum-Fragen kann den MA erstmals Raum gegeben werden, um sich über den Veränderungsbedarf auszutauschen und alle Perspektiven zu hören, sowie konkrete Auswirkungen der Veränderung zu erkennen. Durch Perspektivwechsel, Rollenspiele und zirkuläre Fragen sollten MA zudem versuchen, die Umwelt durch die Augen der Change-Initiatoren wahrzunehmen. Geeignete Fragen und Formulierungen dazu sind aus Tabelle 5.1 zu entnehmen. Darüber hinaus gilt es, einen Informationsfluss herzustellen und innerhalb dieses Coachings zu sammeln, welche Informationen fehlen, um ein Veränderungsverständnis herzustellen. Um die Dringlichkeit des Wandels noch intensiver zu vermitteln, eignet sich ein Einzelcoaching mit betroffenen MA des Wandels oder ein Gruppencoaching mit betroffenen Teams, um individuelle Vorteile der Veränderung für die MA zu erarbeiten und die individuellen Komfortzonen zu ergründen und zu operationalisieren, sowie zu ermutigen, diese zu verlassen. In Tabelle 5.1 werden zu diesen Punkten konkrete Interventionsbeispiele vorgestellt.

Um ein Führungsteam aufzubauen, wie es in Schritt zwei nach Kotters CM-Modell (1996) beschrieben wird, sollten erneut Einzel- oder Gruppencoachings mit den FKs erfolgen, welche den Wandel vorantreiben sollen. Dieses FKs-Coaching ist als eine Fortsetzung des initial begonnenen FKs-Coaching-Prozess zu sehen, welcher bereits vor Beginn der Veränderung angestoßen wurde. Ein effektives Coaching besteht laut der IP immer aus mehreren Sitzungen, weshalb es sinnvoll ist, FKs mit mehreren Coaching-Sitzungen durch die Veränderung zu begleiten. Auch hier gilt es, erneut das Selbstvertrauen der FK zu stärken und die Angst vor Fehlentscheidungen abzubauen, sowie Stress bewusst gemacht werden und Ressourcen für dessen Abbau zu identifizieren. Genaue Coaching-Interventionen dazu sind aus Tabelle 5.2 zu entnehmen. Durch selbstbewusste und selbstwirksame Führungskräfte wird das Vertrauen der MA in diese gestärkt, welches sich als eine der großen Herausforderungen in Veränderungsprozessen manifestiert.

Im dritten Schritt nach Kotters Modell (1996) soll eine Vision entwickelt werden. Um diesen Schritt mit Coaching zu begleiten, eignet sich ein Gruppencoaching oder Workshop mit den Change-Initiatoren und gegebenenfalls sogar Repräsentanten aus einzelnen Teams, um den MA-Einbezug herzustellen. In diesem Gruppencoaching oder Workshop soll der Coach helfen, den Sinn und optimalen Zustand der Organisation zu erarbeiten und zu Ideen zur Vision anregen. Um den optimalen Zustand und möglichen Sinn der Organisation zu ergründen, eignen sich besonders Rundum-Fragen, bei welchen jede Perspektive der Teilnehmer gehört wird, das Bilden von Zukunftsszenarien anhand von zirkulären Fragen, sowie Reframing-Techniken. Explizite Fragestellungen und Interventionsbeispiele sind in Tabelle 5.3 zu finden. Außerdem können bereits Ideen zur Vision gesammelt werden, indem der Coach diese Ideen konsolidiert und gemeinsame Nenner herausarbeitet. Methoden dafür könnten das Silent Clustering, Fishbowl-Diskussionen, Dynamic Facilitation oder Methoden aus den Liberating-Structures sein. Sollte keine gemeinsame Vision gefunden werden können, da große Interessensunterschiede und Zielvorstellungen unterhalb der Beteiligten bestehen, wird Coaching-Schritt 9 relevant. Dort sollte aktiv in einem Gruppencoaching an diesen unterschiedlichen Vorstellungen, Argumentationen und Interessen gearbeitet werden. Dazu eignen sich vorerst Perspektivwechsel und zirkuläre Fragen, um andere Argumentationen zu verstehen. In Tabelle 5.3 sind dafür explizite Fragestellungen beispielhaft dargestellt. Ziel dieses Gruppencoachings ist es, eine Visions-Bildung nicht durch unterschiedliche Zielvorstellungen und Interessen zu gefährden und behindern zu lassen, sondern diese konstruktiv zu nutzen und gemeinsam eine Vision zu entwickeln. Nachdem die Zielvorstellungen und Interessen aller Beteiligter ergründet wurden, sollte

Coaching-Schritt 8 wieder greifen, um nun letztlich eine gemeinsame Vision zu entwickeln.

Nachdem eine Vision entwickelt wurde, sollte sie laut Kotter (1996) allen MA kommuniziert werden. Um dies so effektiv wie möglich zu tun, eignen sich begleitende Gruppencoachings mit einzelnen Teams, in welchen die FKs als Change-Initiatoren anwesend sind. In diesen Coachings sollten MA die Chance bekommen, an der Vision zu arbeiten, um diese besser zu verstehen und zu verinnerlichen. Dazu kann es beginnend hilfreich sein, die Vision bildhaft darzustellen, um einen emotionalen Zugang zu ihr zu legen und Interpretationen zu überprüfen. Dies kann in Form eines Theaterstücks oder eines gemalten Kunstwerks geschehen. Außerdem sollte die individuelle Bedeutung der Vision für alle MA erarbeitet werden. Fragetechniken, um diese Bedeutung zu ergründen, sind in Tabelle 5.3 zu finden. Um Bedenken und Wünsche für die Vision zu sammeln, eignet sich die VW-Übung, bei welcher MA Bedenken und Wünsche in Bezug auf die Vision formulieren, welche der Coach sammelt. Diese Bedenken könnten ebenfalls auf einer offenen Bühne gemeinsam diskutiert werden. Sollten sich vermehrt ähnliche Bedenken und Wünsche häufen, sollte die Vision überarbeitet und der MA-Einbezug dabei gesteigert werden.

Nachdem die Vision MA kommuniziert wurde und diese Zeit hatten, daran zu arbeiten und diese zu verinnerlichen, sollte erneut eine weitere Phase des FKs-Coachings stattfinden, welche an den vergangenen Coching-Sitzungen der FKs anknüpft.

Im fünften Schritt nach Kotter (1996) sollen MA befähigt werden und Hindernisse beseitigt werden, damit sie die Veränderung bestmöglich umsetzen können. Als begleitende Coaching-Maßnahme ist es dabei vorerst wichtig, Ängste und Bedürfnisse der MA zu ergründen und zu konkretisieren, sowie Ressourcen zu identifizieren, wie die Ängste abgebaut werden können. Dies kann in einem Rahmen eines Einzel- oder Gruppencoachings mit MA aus jedem Team geschehen, in welchem zusätzlich geübt werden kann, wie Bedürfnisse kommuniziert werden können. Aus den Interventionsbeispielen aus Tabelle 5.4 ist zu entnehmen wie genau die Ängste der MA, sowie ihr Wunschzustand ergründet werden können und Ängste abgebaut weren können.. Zusätzlich zu den Coachings mit MA sollten Einzelcoachings mit FKs aus jedem Team stattfinden, um diese darauf vorzubereiten, wie sie mit Ängsten der MA umgehen können und darauf eingehen können. Außerdem sollten an dieser Stelle auch die Unsicherheiten der FKs ergründet werden und diese ermutigt werden, solche Unsicherheiten authentisch mit den MA zu teilen. Genaue Coaching-Interventionen sind aus Tabelle 5.4 zu entnehmen.

Nachdem Ängste der MA ergründet und thematisiert wurden und somit Hindernisse beseitigt wurden, sollten bereits die ersten Veränderungen umgesetzt werden.

Dabei ist es laut Schritt 6 von Kotters Modell (1996) immens wichitg, kurzfristige Erfolge anzuerkennen, was allerdings von Organisationen häufig versäumt wird. Um diesen Schritt durch Coaching-Maßnahmen zu begleiten, eignet sich ein Gruppencoaching mit einzelnen Teams oder ein unternehmensweiter Workshop. Dieser Workshop kann auch alternativ nur mit Repräsentanten aus einzelnen Teams abgehalten werden. Dort gilt es, den Veränderungsprozess zu reflektieren und positive, sowie hinderliche Elemente zu identifizieren und Erfolge zu feiern. Als Übung eignet sich dabei die Seestern-Retrospektive, sowie Ressourcenorientierte Fragetechniken. Eine Beschreibung dieser Interventionen, sowie explizite Fragen sind aus Tabelle 5.5 zu entnehmen. Darüber hinaus ist es wichtig, Ressourcen von einzelnen Teammitgliedern zu ergründen, welche für den Veränderungsprozess genutzt werden können und erzielte Erfolge anzuerkennen. Anhand von Perspektivwechseln oder dem Journaling von Stärken können Ressourcen von einzelnen MA oder des gesamten Teams ergründet werden und Erfolge gewürdigt werde. Explizite Fragetechniken zu diesen Interventionen sind in Tabelle 5.5 gesammelt.

Sollte sich in Coaching-Schritt 14 herauskristallisiert haben, dass bestimmte Elemente der Veränderung geändert werden sollten oder in Coaching-Schritt 15 Ressourcen identifiziert werden, welche noch nicht genutzt werden, ist Coaching-Schritt 16 besonders sinnvoll. In diesem Schritt geht es darum, weitere Veränderungen voranzutreiben und dies durch Coaching-Maßnahmen zu begleiten. Hier könnte ein Gruppencoaching mit einzelnen Teams oder ein unternehmenweiter Workshop, alternativ mit Repräsentanten aus Teams, durchgeführt werden. An dieser Stelle ist der MA-Einbezug besonders wichtig, denn diese möchten das Gefühl haben in Lösungsfindungen miteinbezogen zu werden. In diesem Schritt geht es also darum, gemeinsam nach Lösungen für bestimmte Situationen oder Probleme zu suchen und eine Entscheidung für einen Lösungsansatz zu treffen. In Tabelle 5.6 werden dafür Coaching-Interventionen und Methoden detailliert beschrieben. Zunächst kann es dafür hilfreich sein, das Problem oder die Situation als Theaterstück zu visualisieren oder das Problem mit der Double Diamond Methode genau zu beschreiben. Auch die 3-W-Methode, sowie die 1-2-3-alle Methode und die Forschungsgruppen aus den Liberating Structures eignen sich, um mögliche Lösungsansätze zu konsolidieren. Um letztlich eine Entscheidung für eine der gesammelten Lösungsvorschläge zu treffen, eignen sich klassische Voting-Verfahren, sowie das Systemische Konsensieren. Dabei fungiert der Coach als Moderator. Diese potentiellen weiteren Veränderungen bedeuten, dass das Unternehmen kontinuierlich kleinere Veränderungen durchlaufen, weshalb diese Veränderungsschritte und ebenso der begleitende Coaching-Prozess immer wieder von neu beginnen sollten, damit Veränderungen proaktiv und innovativ angetrieben werden. Um Veränderungen in einer Unternehmenskultur zu verankern, können noch keine Coaching-Möglichkeiten

vorgeschlagen werden, da in diesem Veränderungsschritt keine Herausforderungen
gefunden wurden.

Damit dieser Prozess gelingen kann, gilt es, vor dessen Beginn zu identifizieren, welche MA von den Veränderungen betroffen sind und welche FKs diesen
initiieren (Gilbert, 2016). Klaffke (2010) empfiehlt dafür die vorbereitende Kon-
zepterstellung des Coachs mit der Personalabteilung und Geschäftsleitung, bei
welcher eine Stakeholder-Landkarte erstellt wird. Relevante Stakeholder sollen
dahingehend identifiziert und analysiert werden „in welchem Ausmaß sie von
der Veränderung betroffen sind, welche Einstellung sie in Bezug auf den Wandel
haben und welche generellen Kompetenzen sie für die Gestaltung und Umsetzung
des Wandels besitzen" (Klaffke, 2010, S. 12). Anhand dieses Vorgehens könnten
bereits potentielle Konflikte und Unterstützungsbedarfe identifiziert werden. Die
bisherige Praxis betrachtet hauptsächlich FKs als Zielgruppe von Coaching in Veränderungsprozessen (Schiersmann & Thiel, 2009), da diese in diesem Kontext als
interne Organisationsentwickler gesehen würden und über eine Gestaltungskraft
verfügen (Schreyögg, 2000). Die Beantwortung der Forschungsfragen 1–6 zeigt
jedoch, dass es ebenso Coaching-Bedarfe für betroffene MA des Wandels gibt.
Die Frequenz und Dauer der jeweiligen Coaching-Sitzungen sind pauschal nicht zu
bestimmen, sondern richten sich nach den Zielen und Wirkungen der Coachings,
sowie des Konzeptes des Coachs aus (Klaffke, 2010). Abschließend ist festzuhalten, dass es für den gesamten Veränderungsprozess hilfreich ist, die eingesetzten
Coaching-Interventionen zu erfassen und zu dokumentieren, um sie für zukünftige
Veränderungsprozesse nutzbar zu machen. Dadurch wird ein Mehrwert geschaffen,
welcher über die aktuelle Veränderung hinausgeht (Bickerich & Michel, 2016).

Fazit

6

Anknüpfend an die umfängliche Betrachtung und Diskussion der Ergebnisse, fasst dieses Fazit die wichtigsten Ergebnisse zusammen und findet abschließende Worte zur Beantwortung der Haupt-Forschungsfrage, sowie zur Einordnung in den bisherigen Forschungsstand. Außerdem werden das Vorgehen und die Erkenntnisse der vorliegenden Arbeit kritisch betrachtet, sowie ein Ausblick für zukünftige anknüpfende Forschungen gegeben.

Das Ziel dieser Arbeit war es, die Forschungsfrage zu beantworten inwieweit und mit welchen Interventionen SC Veränderungsprozesse unterstützen kann, um diese erfolgreich anzustoßen und auftretende Herausforderungen zu meistern. Die Ergebnisse haben gezeigt, dass für alle in Abschnitt 2.3 identifizierten Herausforderungen Coaching-Möglichen gefunden werden konnten. Zusammenfassend ist festzuhalten, dass SC unterstützen kann, ein unternehmensweites Verständnis für die Dringlichkeit des Wandels zu schaffen, sowie FKs in ihrer Führungsrolle zu stärken, um das Vertrauen in sie zu erhöhen. Außerdem kann SC helfen, eine gemeinsame Vision zu erarbeiten und die MA-Identifikation damit zu steigern, sowie Ängste und Bedürfnisse der MA zu ergründen und zu berücksichtigen. Die Berücksichtigung dieser Ängste kann jedoch vollends lediglich mit der Integration der jeweiligen FKs erfolgen. Es konnten außerdem Coaching-Maßnahmen gefunden werden, um Ressourcen und Erfolge, aber ebenso verbesserungsbedürftige Elemente zu identifizieren. Darüber hinaus kann SC helfen, gemeinsam mit MA nach Veränderungsinitiativen und Lösungen zu suchen, um Veränderungen anzustoßen oder voranzutreiben und dahingehend Handlungsalternativen zu erweitern und den MA-Einbezug zu steigern. Für diese genannten Situationen konnten Coaching-Möglichkeiten und weitgehend Interventionen gefunden werden, welche situationsrelevante Herausforderungen bearbeiten. Es wurden jedoch ressourcen-technische und kulturelle Voraussetzungen identifiziert, welche

S. Schmitz, *Systemisches Coaching als Erfolgsfaktor im Change Management*, BestMasters, https://doi.org/10.1007/978-3-658-39127-0_6

gegeben sein müssen, damit SC als effektiv unterstützende Maßnahme in Veränderungen eingesetzt werden kann. Dabei gilt als oberste Voraussetzung, dass
Unternehmen in Coaching-Maßnahmen investieren wollen, offen für Coaching-
Ergebnisse sind und MA-Einbezug tatsächlich leben möchten. Außerdem hat sich
herausgestellt, dass nicht zu jeder Coaching-Situation pauschale Interventionen
benannt werden können, da diese vom Coach, dem Unternehmen und der individuellen Coaching-Situation abhängen und sich oftmals aus dieser heraus ergeben.
Letztlich lässt sich konstatieren, dass SC dennoch definitiv Veränderungsprozesse
unterstützen kann, um diese erfolgreich anzustoßen und auftretende Herausforderungen zu meistern und großteilig Interventionen vorgeschlagen werden konnten,
um diese Herausforderungen zu bearbeiten.

    Die Erkenntnisse dieser Arbeit erweitern den bisherigen Forschungsstand um
konkrete Interventionen, welche auf vorher in Abschnitt 2.3 identifizierte Herausforderungen in Veränderungsprozessen zugeschnitten sind. Bislang gab der
Forschungsstand keine ganzheitliche Betrachtung von Veränderungsprozessen,
dort auftretenden Herausforderungen und darauf zugeschnittenen Coaching-
Möglichkeiten und Interventionen her. Veränderungsprozesse mit dem Einsatz
von Coaching-Maßnahmen wurden bisher nur lückenhaft betrachtet (Bickerich &
Michel, 2016). Dennoch konnten partiell in einzelnen Coaching-Situationen
Parallelen zwischen den Erkenntnissen dieser Arbeit und dem Forschungsstand gefunden werden, wodurch dieser teilweise empirisch unterlegt werden
konnte (Bickerich & Michel, 2016). Der bisherige Forschungsstand zu SC in
Veränderungsprozessen fokussierte sich insbesondere auf das Finden von Veränderungsinitiativen, jedoch wenig auf Herausforderungen, welche während eines
Change-Prozesses auftreten. Darüber hinaus wurde bislang der MA-Einbezug ver-
nachlässigt und Coaching-Inhalte auf FKs zugeschnitten. Die vorliegende Arbeit
hat Vorschläge für FK-Coachings, sowie für betroffene MA des Wandels geschaffen, da Herausforderungen in Veränderungen nur mit MA-Einbezug gemeistert
werden können. Außerdem wurde ein generischer Coaching-Prozess entworfen,
welcher Coaching-Inhalte und Settings vorschlägt und diese auf das CM-Modell
nach Kotter (1996) einordnet, wodurch ein erweiterter CM-Leitfaden geschaffen
wurde.

    Nun gilt es, die Erkenntnisse und die Vorgehensweise der vorliegenden
Forschung durch die Autorin kritisch zu betrachten. Bei der Präsentation des bis-
herigen Forschungsstandes besteht die Gefahr, dass die dort zitierten Autoren als
überinterpretiert erscheinen, was sich jedoch auf den bislang kaum erforschten
Forschungsstand zurückführen lässt. Die in Kapitel 5 vorgestellten Coaching-
Möglichkeiten und Interventionen sind nicht immer pauschal als effektiv zu

betrachten, da dessen Wirksamkeit von dem Unternehmen, sowie den individuellen Coachees abhängt. Außerdem sind die identifizieren Interventionen lediglich als Beispiele anzusehen, da der Einsatz von Coaching-Interventionen immer partiell vom Coach und der Gesprächssituation abhängt. Somit ist der Leitfaden nicht pauschal als einzig effektiver Lösungsweg zu betrachten. Bezüglich der Durchführung der Datenerhebung ist kritisch anzumerken, dass die Interviews zeitlich sehr knapp angesetzt wurden und die Autorin teilweise zu den nächsten Fragen überleiten musste, obwohl die IP länger über einzelne Fragen hätten sprechen können und somit eventuelle weitere Interventionen erfasst worden wären. Eine zeitliche Begrenzung der Interviews war jedoch aufgrund des ressourcentechnischen Rahmens nötig. Zum Schluss sind Verzerrungen der Interpretation der Autorin kritisch zu betrachten. Um Herausforderungen, welche in Veränderungsprozessen identifiziert wurden (Abschnitt 2.6), auf das CM-Modell nach Kotter (1996) einzuordnen, wurde eine subjektive Übersetzungsarbeit der Autorin geleistet, welche sich zwar an fachliterarischen Erkenntnissen ausrichtete, jedoch nicht empirisch unterlegt wurde. Ebenso wurden gefundene Coaching-Möglichkeiten und Interventionen durch die Autorin selbst auf diese Herausforderungen und letztlich auf das CM-Modell nach Kotter (1996) eingeordnet und daraus der Coaching-Prozess entworfen. Dieser wurde in der bisherigen Forschung noch nicht durch eine empirische Prüfung validiert. Abschließend zur kritischen Würdigung ist zu sagen, dass die Autorin über keine Coaching-Vorkenntnisse verfügte und kein Coach ist, was jedoch als Ressource angesehen werden konnte, da die Ergebnisse nicht durch die eigene Arbeitsweise und Präferenzen als Coach geprägt wurden.

Final soll ein Ausblick für zukünftige Forschungen gegeben werden, welche an die Erkenntnisse der vorliegenden Arbeit anknüpfen. Die hier vorgeschlagenen Systemischen Coaching-Möglichkeiten und Interventionen, sowie der ganzheitliche Coaching-Prozess sollte durch eine empirische Prüfung validiert und gegebenenfalls adaptiert oder erweitert werden. Der entwickelte Coaching-Prozess gilt als Anregung für einen ersten Leitfaden, welcher Coaching-Maßnahmen in CM integriert. Dieser Leitfaden könnte durch zukünftige Forschungen weiterentwickelt werden. Es wäre spannend herauszufinden, ob durch diesen Coaching-Prozess tatsächlich Herausforderungen in Veränderungsprozessen erfolgreich bearbeitet werden können und somit Widerstände verhindert oder behoben werden können. Außerdem wurden bislang noch keine Herausforderungen und dafür geeignete Coaching-Interventionen gefunden, um Veränderungen in der Kultur zu verankern. Es gilt erneut zu prüfen, welche Herausforderungen in diesem Veränderungsschritt auftreten können und wie diese durch den Einsatz von SC bearbeitet werden könnten.

Literaturverzeichnis

Ameln, F. (2018). *Konfliktbewältigung in Veränderungsprozessen.* Abgerufen am 21.10.2021 von https://www.zfuw.uni-kl.de/sites/default/files/media/user-68/files/Studienbrief%20O E0C20_Leseprobe.pdf.

Applebaum, S.H., Habashy, S., Malo, J.L. & Shafiq, H. (2012). Back to the future: revisiting Kotter's 1996 change model. *Journal of Management Development,* 31(8), 764–782. doi: https://doi.org/10.1108/02621711211253231.

Backhausen, W. & Thommen, J. (2017). *Coaching.* Wiesbaden: Springer. doi: https://doi.org/ 10.1007/978-3-8349-3843-5_7.

Bickerich, M. & Michel, K. (2016). Coaching meets Change Management. Ein komplexes Praxisfeld zwischen Individuum und Organisation, aus arbeits- und organisationspsychologischer Perspektive reflektiert. In: Wegener, R., Loebbert, M. & Fritze, A. (Hrsg.), *Zur Differenzierung von Handlungsfeldern im Coaching* (S. 465–477). Wiesbaden: Springer Fachmedien.

Boiten, R. (o.D.). *Das Perspektivenrad.* Abgerufen am 12.02.2022 von https://businesscoac hing-netz.de/wp-content/uploads/2015/06/Jede-Entscheidung-zielt-darauf-ab.pdf.

Breitenbaumer, H. (2007). *Konflikte in organisatorischen Veränderungsprozessen. Welche Konflikte tauchen bei Changeprojekten auf und wie wird damit – am Beispiel dreier großer Österreichischer Unternehmen – umgegangen?* Abgerufen am 08.10.2021 von https:// www.breitenbaumer.at/files/Konflikte-in-Veraenderungsprozessen-Masterthesis.pdf.

Bretschart, K. (2010). *Die Kunst ein System zu berühren. Interventionen der systemischen Organisationsberatung aus Berater- und Kundensicht* (Nicht veröffentlichte Dissertation). ZHAW Zürcher Hochschule für Angewandte Wissenschaften, Zürich.

Brüsemeister, T. (2008). *Qualitative Forschung: Ein Überblick.* Wiesbaden: VS Verlag für Sozialwissenschaften.

Buber, R. & Holzmüller, H. (2007). *Qualitative Marktforschung.* Wiesbaden: Gabler Verlag.

Capgemini. (2010). *Change Management. Anlässe in der Unternehmenspraxis.* Abgerufen am 09.11.2021 von https://www.management-coaching.org/sites/default/files/Cha nge_Management_Studie_2010_0.pdf.

Change Concepts. (2016). *Ausbildung Systemisches Coaching.* Abgerufen am 11.11.2021 von https://change-concepts.de/wp-content/uploads/COACH-34.pdf.

Coachingzentrum. (2018). *Was bedeutet Reframing?* Abgerufen am 12.02.2022 von https:// www.coachingzentrum.ch/fileadmin/dateien/dokumente/artikel/04_2018_für_euch_n achgefragt_CZO__Reframing_W.pdf.

© Der/die Herausgeber bzw. der/die Autor(en), exklusiv lizenziert an Springer Fachmedien Wiesbaden GmbH, ein Teil von Springer Nature 2022
S. Schmitz, *Systemisches Coaching als Erfolgsfaktor im Change Management,*
BestMasters, https://doi.org/10.1007/978-3-658-39127-0

DBVC. (2012). *Leitlinien und Empfehlungen für die Entwicklung von Coaching als Profession. Kompendium mit den Professionsstandards des DBVC.* Osnabrück: Deutscher Bundesverband Coaching.

Deutsch, C. (2017). Das Pyramiden-Prinzip. Abgerufen am 12.02.2022 von https://deutsch-werkstatt.de/das-pyramiden-prinzip/.

DGSF. (o.D.). *Systemisches Coaching.* Abgerufen am 08.11.2021 von https://www.dgsf.org/service/was-heisst-systemisch/systemische_coaching.htm.

Die Kraft der zwei Systeme. (o.D.). Abgerufen am 08.11.2021 von https://www.intercons ilium.de/die-kraft-der-zwei-systeme/.

Doppler, K. & Lauterburg, C. (2002). *Change Management. Den Unternehmenswandel gestalten* (10. Aufl.). Frankfurt am Main: Campus.

Döring, N. & Bortz, J. (2016). *Forschungsmethoden und Evaluation in den Sozial- und Humanwissenschaften* (5. Aufl.). Berlin und Heidelberg: Springer. doi: https://doi.org/10.1007/978-3-642-41089-5_7.

Dynamic Facilitation. (o.D.). *Was ist Dynamic Facilitation?* Abgerufen am 12.02.2022 von https://dynamicfacilitation.org/dynamic-facilitation/.

Eichler, D. (2011). Coaching und organisationale Veränderungsprozesse – eine organisationstheoretische Betrachtung. *Organisationsberatung, Supervision, Coaching,* 18, 17–30. doi: https://doi.org/10.1007/s11613-010-0215-8.

Engels, C. (o.D.). *Die wichtigsten Fragen eines Coaches.* Abgerufen am 12.02.2022 von https://www.experto.de/businesstipps/die-wichtigsten-fragen-eines-coaches.html.

Fleig, J. (2015). *Dynamic Facilitation. Besprechungen frei laufen lassen.* Abgerufen am 12.02.2022 von https://www.business-wissen.de/artikel/dynamic-facilitation-bespre chungen-frei-laufen-lassen/.

Franke, H. (2014). *Problemlösen in Gruppen. Veränderungen im Unternehmen zielwirksam realisieren.* Wiesbaden: Springer. doi: https://doi.org/10.1007/978-3-658-07864-5.

Fritzsche, D. (2012). *Das Tetralemma – Ein Tool für die Entscheidungsfindung.* Abgerufen am 12.02.2022 von https://www.coaching-magazin.de/tools-methoden/das-tetralemma.

Gergs, H. (2016). Neue Herausforderungen an das Change Management. Die Kunst der kontinuierlichen Selbsterneuerung von Unternehmen. In: O. Geramanis, K. Hermann (Hrsg.), *Führen in ungewissen Zeiten* (S. 198–203). Wiesbaden: Springer Fachmedien. doi: https://doi.org/10.1007/978-3-658-11227-1_12.

Gilbert, D. (2016). *Umgang mit Widerstand während Veränderungsprozessen* (Nicht veröffentlichte Dissertation). ZAHW: Biel.

Gökce, K. (2014). *Erfolgreiches Change Management mit Kotters 8-Stufen-Modell.* Abgerufen am 10.11.2021 von https://www.evolutionizer.com/blog/change-management-kot ters-8-stufen-modell.

Greif, S. (2008). *Coaching und ergebnisorientierte Selbstreflexion.* Göttingen: Hogrefe.

Greif, S., Runde, B. & Seeberg, I. (2004). *Erfolge und Misserfolge beim Change Management.* Göttingen: Hogrefe.

Grolman, F. (o.D.). *Change Management: So Vermeiden Sie die 10 schlimmsten Fehler.* Abgerufen am 08.11.2021 von https://organisationsberatung.net/fehler-im-change-man agement/.

Gross, P. (2016). Coaching zur Stärkung der Innovations- und Wandlungsfähigkeit von Unternehmen. In: Wegener, R., Loebbert, M. & Fritze, A. (Hrsg.), *Zur Differenzierung von Handlungsfeldern im Coaching* (S. 478–486). Wiesbaden: Springer Fachmedien.

Hussy, W., Schreier, M. & Echterhoff, G. (2013). *Forschungsmethoden in Psychologie und Sozialwissenschaften für Bachelor* (2. Aufl.). Berlin: Springer Medizin.

ICF. (o. J.). *Coaching FAQS*. Abgerufen am 11.11.2021 von www.coachfederation.org/faqs.

Isack, T. (o.D.). *Systemische Methoden und Interventionen*. Abgerufen am 08.11.2021 von https://www.systemische-supervision.com/systemische-methoden-und-interventionen.

Juraforum (2020). *Berufserfahrung – Definition und Bedeutung*. Abgerufen am 17.11.2021 von https://www.juraforum.de/lexikon/berufserfahrung#einschlaegige-berufserfahrung.

Kaiser, R. (2021). *Qualitative Experteninterviews: Konzeptionelle Grundlagen und praktische Durchführung (2.Aufl.)*. Wiesbaden: Springer VS.

Kaiser-Nolden, E. (2010). Systemisches Change Management. *Systhema*, 3 (24), 241–256.

Klaffke, M. (2010). Coaching von Führungskräften in Change Management Prozessen. *Organisationsberatung Supervision Coaching*, 18, 5–16. doi: https://doi.org/10.1007/s11 613-010-0216-7.

König, E. & Volmer, G. (2019). *Handbuch Systemisches Coaching*. Weinheim: Beltz.

Königswieser, R. (2004). Stabile Zonen. In: Rauen, C. (Hrsg.), *Coaching-Tools. Erfolgreiche Coaches präsentieren 60 Interventionstechniken aus ihrer Coaching-Praxis* (S. 95–98). Bonn: managerSeminare Verlag.

Königswieser, R. & Hillebrand, M. (2005). *Einführung in die systemische Organisationsberatung* (2. Aufl.). Heidelberg: Carl Auer Verlag.

Königswieser, R., Exner, A. & Pelikan, J. (1995). Systemische Intervention in der Beratung. *Organisationsentwicklung*, 2 (2005), 52–65.

Kotter, J.P. (1996). *Leading Change*. Boston, Massachusetts: Harvard Business School Press.

Kritz, J. (2016). *Systemtheorie für Coachs. Einführung und kritische Diskussion*. Wiesbaden: Springer. doi: https://doi.org/10.1007/978-3-658-13281-1.

Lammek, S.& Krell, C. (2016). *Qualitative Sozialforschung* (6. Aufl.). Weinheim: Beltz Verlag.

Landes, M. & Steiner, E. (2014). *Psychologische Auswirkungen von Change Prozessen. Widerstände, Emotionen, Veränderungsbereitschaft und Implikationen für Führungskräfte*. Wiesbaden: Springer VS.

Lauer, T. (2010). *Change Management. Grundlagen und Erfolgsfaktoren*. Berlin: Springer.

Lazarus, R. S. (1966). *Psychological stress and the coping process*. New York: McGraw-Hill.

Lewin, K. (1963). *Feldtheorie in den Sozialwissenschaften*. Bern: Huber.

Liberating Structures. (o.D.a). *1–2–3-All*. Abgerufen am 11.02.2022 von https://liberatingstructures.de/liberating-structures-menue/1-2-4-all/.

Liberating Structures (o.D.b). *What? So What? Now What? W^3*. Abgerufen am 11.02.2022 von https://liberatingstructures.de/liberating-structures-menue/what-so-what-now-what/.

Liberating Stuctures. (o.D.c). *Impromptu Networking*. Abgerufen am 11.02.2022 von https://liberatingstructures.de/liberating-structures-menue/impromptu-networking/.

Liberating Structures. (o.D.d). *Liberating Structures*. Abgerufen am 11.02.2022 von https://liberatingstructures.de.

Luhmann, N. (2000). *Organisation und Entscheidung. Opladen*: Westdeutscher Verlag.

Mauritz, S. (o.D.). *Sieben Säulen der Resilienz*. Abgerufen am 12.02.2022 von https://www.resilienz-akademie.com/sieben-saeulen-der-resilienz/.

Mayring, P. (2003). *Qualitative Inhaltsanalyse – Grundlagen und Techniken* (8. Aufl.). Weinheim und Basel: Beltz Verlag.

Mayring, P. (2008). *Qualitative Inhaltsanalyse. Grundlagen und Techniken* (10. Aufl.). Weinheim: Beltz Verlag.

Mayring, P. (2015). *Qualitative Inhaltsanalyse. Grundlagen und Techniken* (12.Aufl.). Weinheim: Beltz Verlag.

Mayring, P. (2016). *Einführung in die qualitative Sozialforschung. Eine Anleitung zu qualitativem Denken.* Weinheim: Beltz.

Mey, G. & Mruck, K. (2010). *Handbuch Qualitative Forschung in der Psychologie.* Wiesbaden: VS Verlag für Sozialwissenschaften.

Meyer, C.H. (2016). *Die Lebenslinie – Aus der Vergangenheit für di Zukunft lernen.* Abgerufen am 12.02.2022 von https://www.christianhmeyer.de/die-lebenslinie-aus-der-vergangenheit-fuer-die-zukunft-lernen/.

Mintzberg, H. (1989). *Mintzberg on Management. Inside Our Strange World of Organizations.* New York: Free Press.

Mitzlaff, M. (2010). *Wie Coaching sinnvoll Change-Vorhaben unterstützt.* Abgerufen am 09.11.2021 von https://www.business-wissen.de/artikel/veraenderungsprozesse-wie-coaching-sinnvoll-change-vorhaben-unterstuetzt/.

Moskaliuk, J. (o.D.). *Affekt-Bilanz als Systemische Frage im Coaching nutzen.* Abgerufen am 12.02.2022 von https://ichraum.de/affektbilanz/.

Oltmanns, T. & Nemeyer, D. (2010). *Machtfrage Change. Warum Veränderungsprozesse meist auf Führungsebene scheitern und wie Sie es besser machen.* Frankfurt: Campus Verlag.

Rauen, C. (2002).*Handbuch Coaching.* Göttingen: Hogrefe.

Rauen, C. (2020). Coaching von Mitarbeitern und Führungskräften. In: Rosenstiel, L., Regnet, E. & Domsch, M. E. (Hrsg.), *Führung von Mitarbeitern. Handbuch für erfolgreiches Personalmanagement* (S. 313–327). Stuttgart: Schäfer-Poeschel Verlag.

Renner, K.H. & Jacob, N.C. (2020). *Das Interview.* Berlin: Springer Verlag.

RTC. (2015). *Profession: Coach. Ein Commitment des Roundtable der Coachingverbände.* Abgerufen am 11.11.2021 http://www.roundtable-coaching.eu/wp-content/uploads/2015/03/RTC-Profession-Coach-2015-03-19-Positionspapier.pdf.

Schiersmann, C. & Thiel, H. U. (2009). *Organisationsentwicklung. Prinzipien und Strategien von Veränderungsprozessen.* Wiesbaden: VS Verlag für Sozialwissenschaften.

Schlippe, A. (2015). Systemisches Denken und Handeln im Wandel. Impulse für systembezogenes Handeln in Beratung und Therapie. *Kontext,* 46(1), 6–26.

Schlippe, A. & Schweitzer, J. (1996). *Lehrbuch der systemischen Therapie und Beratung* (10. Aufl.) Göttingen: Vandenhoeck & Ruprecht.

Schlippe, A., & Schweitzer, J. (2009). *Lehrbuch der systemischen Therapie und Beratung* (3. Aufl.). Göttingen: Vandenhoeck & Ruprecht.

Schott, E. & Wick, M. (o.D.). Change Management. In: Schott E., Campana C. (Hrsg.), *Strategisches Projektmanagement* (S. 195–221). Berlin: Springer. doi: https://doi.org/10.1007/3-540-26836-7_10.

Schumann, K. (2013). Coaching. In: M. Landes, E. Steiner (Hrsg.), *Psychologie der Wirtschaft, Psychologie für die berufliche Praxis.* Springer Fachmedien Wiesbaden 2013. doi: https://doi.org/10.1007/978-3-531-18957-4_10.

Schreyögg, A. (2000). Coaching – Ergänzung oder Alternative zur Organisationsberatung? In: H. Pühl (Hrsg.), *Supervision und Organisationsentwicklung.* Opladen: Leske + Budrich.

Seifert, J.W. (2015). *Systemisches Konsensieren*. Abgerufen am 12.02.2022 von https:// www.moderation.com/unternehmen/white-paper/white-paper-detail/article/systemisc hes-konsensieren.html.

Senninger, T. (2000). *Abenteuer leiten – in Abenteuer lernen*. Münster: Ökotopia.

Simon, F.B. (2015). *Perspektivenwechsel*. Abgerufen am 12.02.2022 von https://www.carl-auer.de/magazin/kehrwoche/perspektivenwechsel.

Sinek, S. (2009). *Start with why: How great leaders inspire everyone to take action*. New York: Portfolio Hardcover.

Stade, I. (2015). *Was ist Fishbowl?* Abgerufen am 12.02.2022 von https://www.ines-stade. de/was-ist-fishbowl/.

Stahl, G.K. & Marlinghaus, R.: Coaching von Führungskräften: Anlässe, Methoden, Erfolg. *Ergebnisse einer Befragung von Coachs und Personal verantwortlichen*, 69(4), 199–207.

Starrmann, N. (2014). *Die systemische Intervention im Rahmen der Organisationsentwicklung*. (Nicht veröffentlichte Dissertation). FOM Hochschule für Ökonomie und Management, Frankfurt.

Statista. (2009). *Einschätzung von Personalmanagern über die wichtigsten Schwierigkeiten und Probleme bei Veränderungsprozessen*. Abgerufen am 09.11.2021 von https://de.sta tista.com/statistik/daten/studie/156842/umfrage/personalpolitische-probleme-bei-veraen derungen/.

Statista. (2014). *Primary causes of organizational change failure worldwide as of January 2014*. Abgerufen am 09.11.2021 von https://www.statista.com/statistics/293191/primary-causes-of-organizational-change-failure-worldwide/.

Stolzenberg, K. & Heberle, K. (2006). *Change Management. Veränderungsprozesse erfolg-reich gestalten – Mitarbeiter mobilisieren*. Heidelberg: Springer Medizin Verlag.

Stück, S. (2012). *Eine kritische Analyse ausgewählter Change Management-Methoden für die ganzheitliche Umsetzung von Veränderungsprojekten*. München: GRIN.

Thiel, H. (2009). Konflikte und Widerstand im Kontext von Organisationsentwicklung. In: Pühl, H. (Hrsg.), *Handbuch Supervision und Organisationsentwicklung* (S. 231–249). Wiesbaden: VS Verlag für Sozialwissenschaften.

Tiffert, A. (2013). Everything changes – systemische Ansätze für das Change Management. In: Binckebanck, L., Hölter, A.K., Tiffert, A. (Hrsg.), *Führung von Vertriebsorganisatio-nen. Strategie, Koordination, Umsetzung* (S. 381–401). Wiesbaden: Springer. doi: https:// doi.org/10.1007/978-3-658-01830-6.

Wagner, R.H. (1992). *Beratung von Organisationen: Philosophie –Konzepte-Entwicklungen*. Wiesbaden: Gabler.

Webers, T. (2020). *Systemisches Coaching. Psychologische Grundlagen*. Wiesbaden: Sprin-ger. doi: https://doi.org/10.1007/978-3-662-61336-8.

Wimmer, R. (1992). Der systemische Ansatz- Mehr als eine Modeerscheinung? In: P. Ges-ter, B. Heitger, C. Schmitz (Hrsg.), *Managerie: Jahrbuch für systemisches Denken und Handeln* (S. 71–104). Heidelberg: Carl Auer.